Antje Köhler

Ich und meine Welt

Ethik Klasse 4

 MILITZKE

Quellennachweis

S. 9: Grundgesetz für die Bundesrepublik Deutschland. Art 3. BpB, Bonn 2005

S. 35: Helmut Zöpfl: Das kleine Kind dort auf dem Bild. In: Bunter Faden. Lesebuch für Ethik und Philosophieren mit Kindern. Cornelsen, Berlin 2003, S. 9

S. 40: Ulrich Plenzdorf: Wenn ein Mensch lebt.http://www.mp3lyrics.org/p/puhdys/wenn-ein-mensch-lebt/; Zugriff: 17.12.2012

© Militzke Verlag GmbH, Leipzig 2013
Lektorat: Eveline Luutz
Satz und Gestaltung: Thomas Butsch, www.butsch-buch.de
Druck und Bindung: Akontext s.r.o., Prag
ISBN 978-3-86189-470-4

www.militzke.de

Inhaltsverzeichnis

1. Ich entdecke mich! 6

Vorprogrammiert? 6

Eine Schule für Jungen?! 7

Mehr Arbeit 8

Kindergärtner?! 9

Wünsche 10

Diogenes 11

Wünsche und Träume 12

Lebensträume 14

Unterschiedliche Lebenserwartungen 15

UNentschieden! 16

Was soll ich bloß tun? 17

Entscheidungshilfen 18

... und wenn es doch nicht klappt? 19

... und Tschüss! 20

... was kommt denn nun? 21

2. Ich entdecke uns! 22

Das ist total ungerecht! 22

Die Waage 23

Gerechtigkeit und Zensuren 24

Es ist gar nicht so einfach! 25

GeRECHTigkeit! 26

Die wichtigsten Kinderrechte 27

Rechte für alle Kinder dieser Welt 28

Was kann ich tun? 29

Glückssuche 30

Was ist denn eigentlich Glück? 31

Nachdenken über das Glück... 32

Glück kann man teilen, Unglück auch 33

Was ist Zeit? 34

Ich bin's, ich war's, ich werd' es sein! 35

Eine Zeitmaschine?! 36

Zeit hinterlässt Spuren 37

Leben 38

Alt und jung!? 39

Abschied nehmen... 40

Der Tod macht das Leben wertvoll! 41

3. Wir entdecken unsere Geschichte! 42

Der Islam – Eine andere Welt 42

Die Fünf Säulen des Islam 44

Jamilas Kopftuch 46

Das Zuckerfest 47

Das Judentum 48

Wissenswertes über das Judentum 50

Jüdische Feste – Sabbat 52

Jüdische Feste – Jom Kippur 53

Viele Unterschiede und viele Gemeinsamkeiten 54

Die Stadt Jerusalem 55

Martin Luther – ein vorbildlicher Christ 56

Der jüdische Schriftsteller Friedrich Wolf 58

Benjamin Idriz – Imam mit einem Traum 59

4. Ich entdecke die Natur! 60

Der Mensch ist ein Teil der Natur 60

Der Mensch verändert die Natur 61

Der Mensch nutzt die Natur 62

Strom aus Kohle 64

Kohlegruben werden Badeseen! 65

Neue Landschaften in Mitteldeutschland 66

Der Wolf kehrt zurück 67

Faszination Regenwald 68

Der Regenwald ist bedroht 69

Es geht auch um dein Schulheft! 70

Eine Aktion für die Wälder 71

Lexikon – Ich entdecke mich! 72

Lexikon – Ich entdecke uns! 73

Lexikon – Ich entdecke unsere Geschichte! 74

Lexikon – Ich entdecke die Natur! 77

Spielideen 79

Symbole:

 Aufgabe

 Zusatz

 Partnerarbeit

 Lexikon

 Gruppenarbeit

 Quellentext

1. Ich entdecke mich!

Vorprogrammiert?

Viele Paare, die ein Kind erwarten, sagen:
„Egal was es wird, Hauptsache gesund!"
Sicher meinen sie es auch so, aber ist
nach der Geburt erst einmal klar, welches
Geschlecht das Kind hat, wird es sofort
auch entsprechend behandelt. Schon das

Armbändchen, welches die Geburtsklinik dem Baby schenkt, ist blau für Jungen und
rosa für die Mädchen. Nie würden die Krankenschwestern der Sarah ein blaues
Bändchen geben. Wenn die frischgebackenen Großeltern zum ersten Besuch kommen,
bestaunen sie die kleine „Püppi". Zu einem Jungen würden sie dies nie sagen!
Die ersten Strampler werden rosa oder blau sein …

1. Finde weitere Beispiele, wie schon ganz kleine Kinder durch die Eltern,
   Großeltern und Geschwister als Mädchen oder Junge geprägt werden!

Als der kleine Uwe in der ersten Klasse einen roten Ranzen mit Pferden
wollte, protestierten die Eltern: „Das ist doch nur etwas für Mädchen!"
Kathrin bekam ihren Ranzen mit Formel-1-Autos. Ihre Eltern
protestierten nicht.

2. Wie würdest du als Mutti oder Vati entscheiden? Begründe
   deine Antwort!

3. Überlegt gemeinsam, welche Vorteile und welche Nachteile es hat, wenn Eltern
   ihre Kinder von Geburt an als Junge bzw. Mädchen erziehen, indem sie Jungen
   z.B. nur technisches Spielzeug und Mädchen Puppenstuben und
   Puppenkleider schenken.

Das finde ich gut …	Dies ist ein Nachteil …

4. Wählt einen Gesprächsleiter und wertet dann gemeinsam eure Listen aus.
   Der Gesprächsleiter fasst am Ende eure Klassenmeinung zusammen.

Eine Schule für Jungen?!

Christine hat in der Zeitung eine Überschrift gelesen, die sie sehr beschäftigt:

Ministerin fordert
getrennte Schulen für Jungen und für Mädchen!

… Jungen und Mädchen haben unterschiedliche Interessen und lernen deshalb anders. Zum Beispiel lesen Jungen nicht so gern, wie Mädchen und auch ihr Interesse für Gedichte ist nicht groß. Mädchen dagegen haben oft Schwierigkeiten in Mathematik und rechnen nicht so gern wie Jungen. Deshalb soll in getrennten Grundschulen unterrichtet werden, damit die Mädchen sich mehr Zeit beim Rechnen nehmen können, während die Jungen schon physikalische Grundbegriffe lernen. …

Ganz aufgeregt las sie den Artikel, was sollte das bloß bedeuten?

Beim Lesen blieb Christine fast die Luft weg… Eine Schule ohne Jungen?
Sie überlegte … Wer kann das eigentlich bestimmen?
Vati wusste die Antwort: „Nach ausführlicher Beratung kann das Parlament des jeweiligen Bundeslandes so etwas bestimmen."

Wo hat euer **Landtag** seinen Sitz? Wer gehört ihm an?
Hier kannst du dich informieren:
Sachsen: www.landtag.sachsen.de
Sachsen-Anhalt: www.landtag.sachsen-anhalt.de

1. Stellt euch vor ihr seid Mitglieder des Landtages eures Bundeslandes und ein Abgeordneter hat den Vorschlag gemacht, Jungen und Mädchen in getrennten Schulen zu unterrichten!
   Welche Argumente dafür oder dagegen findet ihr?
2. Wählt einen Gesprächsleiter, der die Rolle des **Landtagspräsidenten** übernimmt, eure Diskussion leitet und die Ergebnisse dann zusammenfasst!

Mehr Arbeit

Jan beschwert sich: „Oh, man, gestern war meine Mutti wieder so genervt, als wir für die Mathearbeit geübt haben. Sie hat nur genörgelt. Ich kann doch auch nichts dafür, dass sie hinterher noch bügeln wollte …!"

Mia zieht die Augenbrauen hoch: „Na, du bist doch …! Als ob deine Mutti bügeln WILL! Sie muss es ja tun oder nimmt es ihr jemand ab? Frauen haben immer die meiste Arbeit: Beruf, Haushalt, Kinder…! Meine Mutti sagt das auch!"

„Das ist Quatsch, mein Vati arbeitet in seiner Firma jeden Tag mindestens 10 bis 14 Stunden. Oft sehe ich ihn gar nicht. Das ist richtige Arbeit!", **erwidert Jan.**

 1. Schreibt auf, was nach eurer Meinung Männer und Frauen an einem normalen Wochentag zu tun haben! Verwendet dazu eine Tabelle wie vorgegeben:

Uhrzeit	Frau	Mann
5.00 Uhr		
6.00 Uhr …		

 2. Wertet dann eure Erkenntnisse aus! Welche Schlussfolgerungen könnte man daraus ziehen?

 3. Besprecht eure Ergebnisse nun in der Gruppe!
Kamen alle Partner zum gleichen Ergebnis? Warum ist das so?

Kindergärtner?!

Oliver hält sich den Bauch vor Lachen. Jan will Kindergärtner werden! Wie peinlich! Das ist doch kein Männerjob!
Jan verteidigt sich unsicher: „Soll ich Maurer werden, nur weil das ein Männerberuf ist? Ich beschäftige mich gern mit meinen kleinen Geschwistern und finde es toll, ihnen etwas beizubringen … Auf eine Baustelle will ich nicht: Den ganzen Tag nur schippen!"

1. Welche Meinung hast du? Kann ein Junge Kindergärtner werden?

2. Für Jungen: Schreibt auf einen Zettel, welche Berufe Frauen, die ihr kennt, ausüben. Für Mädchen: Schreibt auf einen Zettel, welche Berufe Männer, die ihr kennt, ausüben.
Vergleicht eure Listen!

3. Schlüpft für einige Zeit in die Rolle des jeweils anderen Geschlechts: Stellt euch eure Lieblingsbeschäftigungen gegenseitig vor und probiert sie wechselseitig aus. Wie hat euch der Rollentausch gefallen?

Deutschland hat ein **Grundgesetz**, dies ist die Verfassung. Darin werden die Grundrechte, also die wichtigsten Rechte der in Deutschland lebenden Menschen festgelegt. Im Artikel 3, Absatz 2 heißt es unter anderem:

Männer und Frauen sind gleichberechtigt. Der Staat fördert die tatsächliche Durchsetzung der Gleichberechtigung von Frauen und Männern und wirkt auf die Beseitigung bestehender Nachteile hin.
Zum Weiterlesen: http://www.hanisauland.de/spezial/grundrechte/

3. Überlegt gemeinsam:
   • Was bedeutet dieses Gesetz für Jan?
   • Werden Frauen oder Männer in Deutschland tatsächlich noch benachteiligt?

Wünsche

Wer hat sie nicht … große, kleine, dauernde und Wünsche, die nur für den Moment gelten … Wünsche sind allgegenwärtig:

> Ist nicht bald Schluss?

> Hunger!

> Hoffentlich spricht er mich nachher an!

> Ich will das tolle Bike haben!

> Ich möchte so gern, dass Mutti zurückkommt!

Ein **Wunsch** ist ein menschlicher Gedanke, der eine positive Veränderung der Wirklichkeit beinhaltet. Ziel eines Wunsches ist es also, dass sich etwas zum Guten ändert, möglichst ohne dass man selbst etwas dafür tun muss. Man unterscheidet:

materielle Wünsche — immaterielle Wünsche

1. Findet heraus, was **materiell** bzw. **immateriell** bedeutet!
2. Ordnet dann die Wünsche der Kinder oben den zwei Begriffen zu!

3. Fertige dein persönliches Akrostichon zum Wort „Wünsche" an! Welche Gedanken hast du bei diesem Wort?
4. Wenn du möchtest, kannst du den anderen Schülern dein Wortspiel vorstellen und erklären.

Diogenes

Diogenes von Sinope lebte vor mehr als 2.000 Jahren in Griechenland. Er war der Sohn reicher Eltern. Schon als junger Mann entschied er sich, nichts besitzen zu wollen. Er lebte fortan in einem Fass und trank das Wasser aus der hohlen Hand, denn seinen letzten Becher warf er weg. Diogenes war der Meinung, wenn man nichts besitzt, kann einem nichts weggenommen werden.

 Nur der kann glücklich sein der ohne Besitz und ohne Wünsche ist. (Diogenes)

Es wird erzählt, dass sogar Alexander der Große, der mächtigste Herrscher und Feldherr der damaligen Zeit, Diogenes besuchte. Großzügig fragte er ihn nach einem **Wunsch**. Diogenes aber, der in seinem Fass lag, bat Alexander nur, ihm aus der Sonne zu gehen.

 1. Stimmst du Diogenes' Ausspruch zu? Begründe deine Antwort!

Ein Sprichwort lautet:

Was fehlt dir? Weg damit!

 2. Vergleiche das Sprichwort mit der Meinung von Diogenes!
3. Worauf könntest du, wenn du genau nachdenkst, verzichten? Worauf auf keinen Fall?

 4. Diskutiert über eure Meinungen! Findet heraus, ob es Wünsche gibt, die für alle von euch gleich wichtig sind!

Wünsche und Träume …

Eva schaut verträumt über das Meer: „Ich wünsche mir einen Urlaub auf dem
Meeresgrund, in einer Stadt mit Röhrenstraßen und runden Häusern, mit Ausflügen in
die Korallenriffe und Fahrten mit dem U-Boot in die nächste Unterwasserhöhle …!"

Vati schüttelt den Kopf: „Was du dir wieder zurecht spinnst! Das ist kein **Wunsch**
sondern ein Traum, der sich nie erfüllen wird!"
Eva schaut ihren Vati verständnislos an: „Wenn alle Menschen so gedacht hätten,
würden wir heute noch in Höhlen sitzen!"

Überlege!
1. Was ist der Unterschied zwischen Wünschen und Träumen?
2. Möchtest du deinen verrücktesten Traum erzählen?

3. Diskutiert gemeinsam darüber, wie die Entwicklung unserer Menschheit
   verlaufen wäre, wenn es nicht immer wieder Menschen gegeben hätte, die an
   die Verwirklichung ihrer Träume geglaubt hätten? Nutzt dafür auch die
   Abbildungen der folgenden Seite!

Diese Menschen setzten ihre Träume in die Wirklichkeit um, obwohl man sie zunächst für verrückt hielt. So schafften sie Fortschritte für die ganze Menschheit.

Otto Lilienthal
„Ich möchte wie ein Vogel fliegen."

Thomas A. Edison
„Ich werde die Glühlampe in der Welt bekannt machen! Licht ohne offene Flamme."

Carl Benz
„Es müsste eine Kutsche ohne Pferde geben."

Michael Kaßler
aus Braunsbedra
in Sachsen-Anhalt
erfand 1761 das Laufrad.
„Ich möchte schneller von einem Ort zum anderen gelangen."

Johann Andreas Schubert
baute 1837 in Dresden
die erste deutsche Lokomotive
Saxonia.
„Wir brauchen ein Dampfross, das stärker ist als jedes Pferd."

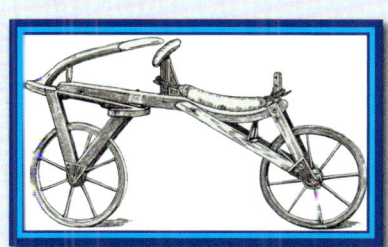

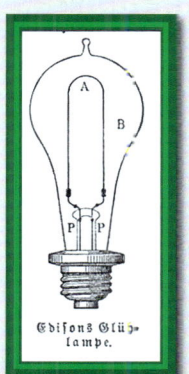

Lebensträume

Tina denkt noch einmal über Jans Wunsch nach, Kindergärtner zu werden. Sie kann darüber gar nicht lachen, sondern sie staunt. Wie genau Jan schon weiß, was er will. Tinas Lebensträume wechseln noch ganz oft:

Herr Müller ist ein toller Lehrer, so will ich auch unterrichten!

Ich spiele viel besser als Max Fußball, ich werde Fußballerin!

Minka ist so süß, ich werde Tierärztin!

Fotografin?
Webdesignerin?
Mechatronikerin?
Bundeskanzlerin?

Es ist nicht so einfach, sich über seine Träume klar zu werden. Wichtig ist, dass jeder alle Ziele erreichen kann, egal ob Junge oder Mädchen, arm oder reich, alt oder jung. Wenn man sich dafür anstrengt.

1. Schreibe deinen Berufswunsch auf einen kleinen Zettel und unterschreibe!

2. Ein Schüler sammelt alle Zettel ein und sortiert diese nach den Wünschen. Danach leitet er ein Ratespiel. Er liest den Berufswunsch auf dem Zettel vor (Zum Beispiel: Astronaut). Die anderen erraten, wer diesen Wunsch aufgeschrieben hat.
3. Der Spielleiter fasst am Ende zusammen, ob es leicht war, zu erraten, welcher Beruf zu welchem Schüler gehörte oder ob es „Überraschungen" gab.

Unterschiedliche Lebenserwartungen

Frank erzählt beim Abendbrot vom Ethikunterricht: „Alle haben ganz tolle Berufswünsche und Ideen für ihre Zukunft …!" Opa hört aufmerksam zu und sagt „Ja, ich habe auch schon mein nächstes Ziel …" Weiter kommt er nicht, weil Frank losprustet: „Opa, du bist 70! Welche Ziele willst du denn **noch** haben?"

1. Welche Meinung habt ihr zu dem Gespräch?
2. Überlegt, wie die Unterhaltung weiter gehen könnte und spielt sie dann vor!

3. Besprecht die einzelnen Ideen. Welche war für euch die beste?
4. Diskutiert, welche Lebenserwartungen die Lebewesen auf den Bildern haben könnten:

UNentschieden!

Lilly muss sich entscheiden: Will sie mit Tim baden gehen oder mit Mutti zur kranken Oma fahren. Die Entscheidung fällt ihr schwer, denn sie hat sehr lange auf Tims Einladung gewartet und es ist sehr heiß heute … Auf der anderen Seite merkt die Oma im Altersheim doch schon lange nicht mehr, ob sie mitkommt oder nicht. Es ist nicht schön, Oma so zu sehen und es macht Lilly traurig.
Lilly wird bald verrückt: Für sie ist dies ein echtes **Dilemma**.

1. Entscheidet euch spontan, das heißt ohne lange nachzudenken: Die Kinder, welche mit Tim gehen würden, stellen sich vor die Tafel. Die Kinder, welche zur Oma gehen würden, stellen sich gegenüber auf.
    Ihr müsst eure Entscheidung nicht begründen.

Entscheidungen zu treffen ist nicht einfach, deshalb gibt es verschiedene Entscheidungshilfen, welche Lilly nutzen könnte. Du hast sie im Verlaufe des Ethikunterrichtes bereits kennengelernt:

Dafür	Dagegen

2. Schreibt gemeinsam solch eine Dafür-Dagegen-Liste für Lilly:
    Was spricht für den Badespaß mit Tim, was dagegen?
3. Wertet eure Listen alle gemeinsam aus!

Manche Entscheidungen treffen wir in unserem Leben ganz leicht, andere fallen uns schwerer. Es gibt Menschen, die schnell eine Entscheidung treffen können, andere suchen ewig nach einer Lösung und sind auch später noch unschlüssig, ob sie wirklich richtig war. Um richtig entscheiden zu können, muss man auch die Folgen seines Handelns (**Konsequenzen**) richtig abschätzen. Das können kleinere Kinder noch nicht. Deshalb dürfen sie keine wichtigen Entscheidungen allein treffen.
Je älter ihr werdet, desto bedeutsamer werden die Entscheidungen, die ihr treffen dürft und ihr müsst dann auch die Verantwortung für die Folgen übernehmen.

4. Diskutiert über das Thema „Entscheidungen" und eure Erfahrungen damit!
    Sucht euch dafür einen Gesprächsleiter!
    Er soll auch Fragen zum eingerahmten Text stellen!

Was soll ich bloß tun?

Max kann seit Tagen nicht schlafen. Er soll sich entscheiden, ob er zum Gymnasium will oder nicht. ER soll entscheiden, aber alle reden auf ihn ein!

Eltern: „Egal wie du dich entscheidest, wir stehen hinter dir!"

Freund: „Wenn wir nicht mehr an einer Schule sind, dann ist es mit unserer Freundschaft bald aus!"

Lehrerin: „Natürlich erwarte ich von dir, dass du zum Gymnasium gehst!"

Schwester: „Das schaffst du nie, was denkst du, was die verlangen!"

Trainer: „Na, für Fußball hast du dann sicher keine Zeit mehr!"

Oma: „Ich wäre so stolz auf dich, wenn du auf diese Schule gehst.'

Max schreibt eine **DAFÜR-DAGEGEN LISTE**, aber auch die ist unentschieden. Irgendwie hat er Angst, denn von dieser Entscheidung hängt so viel ab, eigentlich sein ganzes zukünftiges Leben. Oh je, jetzt wird ihm gleich noch viel mulmiger: Fürs Leben! Er ist doch erst 10!

1. Sollte Max nach deiner Meinung diese Entscheidung allein treffen? Begründe!

Entscheidungshilfen

Eigentlich möchte Max ja am Gymnasium lernen, aber immer noch ist er unsicher, ob es die richtige Entscheidung ist. Da erinnert er sich an ein Buch, in dem es auch um das Finden von Entscheidungen geht. Was stand denn da bloß?

Bevor du deine Entscheidung triffst, stehst du im Dunkeln. Mache dir zunächst mit einem Streichholz Licht und betrachte die Folgen deiner Entscheidung.

2. Ich verliere meine Freunde, kann nur noch selten Fußball spielen…

3. Ich muss mehr für die Schule tun, vielleicht bekomme ich dann auch Dreien und Vieren…

4. Ich werde Kontakt zu meinen Freunden halten u n d neue finden; am Gymnasium gibt viele Möglichkeiten für Sport. Ich lerne gern und freue mich, zu zeigen, was ich kann. Ich will gefordert werden.

5. Ich habe ehrgeizig meine Ziele verfolgt und kann mir mit meinem guten Abitur eine Universität aussuchen, um später meinen Traumjob zu bekommen. Ich habe viele neue und alte Freunde, ok zum Sport komme ich selten, aber Oma ist sehr stolz auf mich!

 Verwende für dieses Beispiel die „5er Regel"!
Welche Folgen hat die Entscheidung für das Gymnasium in
5 Stunden – 5 Tagen – 5 Wochen – 5 Jahren …

… und wenn es doch nicht klappt?

Bei allen Entscheidungen, die man trifft, sollte man die **Konsequenzen** sorgfältig bedenken und die Verantwortung für die Entscheidung übernehmen.
Aber man sollte sich auch darüber klar sein, dass fast jede Entscheidung korrigiert werden kann.
Mitunter ist das nicht schön, man schämt oder ärgert sich oder ist traurig, aber man kann auch erleichtert und sehr froh sein.
Oft gehört zum Zurücknehmen einer Entscheidung genauso viel Mut wie für die Entscheidung selbst.

 1. Was glaubst du, wie sich Max fühlt, wenn er am Gymnasium versagt und nur bleibt, seine Entscheidung zu korrigieren?

 2. Bildet Gruppen und spielt folgendes nach: Max kommt zurück zu seinen früheren Mitschülern. Sie begrüßen ihn:
Einer ist verständnisvoll, einer schadenfroh, einer gleichgültig, einer wütend, einer neugierig, einer ängstlich und einer voller Freude.

3. Besprecht anschließend die Ergebnisse!

 4. Fasst euer Wissen über „Entscheidungen" mit Hilfe dieser Stichworte in einem Vortrag zusammen!

Verantwortung	leicht	schwer	umkehrbar	Folgen
notwendig	Hilfe	Konsequenz	Gefühle	Dilemma

… und Tschüss!

Sabine ist schwer ums Herz. Einerseits freut sie sich auf die neue Schule, aber sie ist auch traurig, weil sie die Kinder, welche ans Gymnasium gehen, nicht mehr sehen wird. Sie wird einige Lehrer vermissen und den tollen Schulhof mit dem Spielplatz, das leckere Schulessen und …

Deshalb hat sie sich mit ihrer Mutti etwas ausgedacht: Ein selbstgestaltetes

 *Grundschul-Erinnerungs-Abschiedsbuch*

Die Freunde-Bücher, die es zu kaufen gibt, die gefallen ihr nicht, denn es soll ja um ihre Grundschule gehen. Sabine und ihre Mutti haben eine besondere Seite entworfen:

Name .... *Geburtstag* ....

Adresse .... *Telefonnummer* ....

Lieblingsfach ....

Liebstes Schulhofspiel ....

Was mochtest du in der Grunschule gar nicht? ....

Lieblingslied aus dem Musikunterricht ....

Sportliche Erfolge ....

Für dein Foto!

 1. Lest die Seite aufmerksam und kritisch! Entwerft dann eine eigene Seite für euer persönliches Grundschul-Erinnerungs-Abschiedsbuch! Übernehmt die Dinge, die euch gut gefallen und fügt andere hinzu, die euch noch wichtig sind!

 2. Besprecht eure Ergebnisse und wenn ihr möchtet, stellt dann eine Seite zusammen, die allen gefällt!

 Fertige dein eigenes Erinnerungsbuch am PC an! Lass es von den Personen ausfüllen, die dir in der Grundschule ganz wichtig sind! So hast du eine tolle Erinnerung.

… was kommt denn nun?

Die letzten Schultage der vierten Klasse sind vorbei. Die Klasse hat einen Baum gepflanzt und sich von allen verabschiedet. Nun sind auch die Ferien fast vorüber und bald geht es in die neue Schule. Manchmal freut sich Sabine wie verrückt, manchmal lähmt sie Angst. Oma meint, ihre Gefühle wären zerrissen.

1. Schreibe vier Dinge auf, die Sabine Angst (**negativ**) machen könnten, und vier, auf welche sie sich in der neuen Schule freut (**positiv**)!

2. Notiert eure Ideen an der Tafel und besprecht, ob diese Aussagen auch auf euch selbst zutreffen!
3. Gibt es noch Dinge die ihr ergänzen wollt?

Wie so oft hatte Oma auch in diesem Fall einige Sprichwörter parat. Nicht immer versteht Sabine diese sofort, aber es lohnt sich, darüber nachzudenken!

> Prüfe zunächst, was sich an Positivem hinter jeder negativen Sache verbirgt.

> Betrachte immer die helle Seite der Dinge! Und wenn sie keine haben? Dann reibe die dunkle, bis sie glänzt.

> Sorgen sind wie Gespenster: Wer sich nicht vor ihnen fürchtet, dem können sie nichts anhaben!

4. Suche dir eines der Sprichwörter aus und erkläre an Sabines Beispiel, was es bedeutet!

5. Bildet kleine Gruppen!
   Sucht euch eines von den negativen Beispielen aus, die ihr aufgeschrieben habt!
   Spielt eine ähnliche Situation nach und überlegt dabei genau, wie Sabine richtig reagieren könnte!

2. Ich entdecke uns!

Das ist total ungerecht!

Alle Schüler sitzen aufgeregt im Stuhlkreis. Heute beginnt ein neues Thema im Ethikunterricht. Das ist immer recht spannend, weil Frau Köhler stets ein großes Geheimnis darum macht.

Frau Köhler kommt mit einer riesigen Tüte Gummibären und ruft fröhlich:
„Los geht's heute süß!"
André bekommt drei Minitüten, weil er immer so freundlich die Tür aufhält, wenn Frau Köhler den Raum betritt. Nina erhält zwei Tüten, denn sie hat Geburtstag, Steffen kriegt vier Tüten, weil er immer so toll mitmacht in Ethik und Katrin erhält eine Tüte, weil sie so still ist, Ulrike bekommt keine Tüte, weil sie gestern einen Streit anfing … Die Schüler staunen.
„Was ist denn mit Ihnen los, Frau Köhler, das ist doch total ungerecht!", ruft Eva.
„Wieso?", erwiderte Frau Köhler, „Ich habe doch alles ganz toll begründet. Ich finde, dass ich sehr gerecht verteilt habe!"
„Das ist vielleicht ihre Gerechtigkeit, aber nicht unsere!", empört sich Mia.

1. Wählt einen Gesprächsleiter! Diskutiert das Problem gemeinsam, indem ihr auch die folgenden Fragen klärt:
   • Wie viele **Gerechtigkeiten** gibt es?
   • Woher weiß man, was gerecht ist?
   • Gilt die gleiche Gerechtigkeit für Kinder und Erwachsene?
2. Versucht mithilfe einer Begriffspyramide zu klären, was GERECHTIGKEIT nach eurer Meinung eigentlich ist!

Die Waage

Ein **Symbol** der Gerechtigkeit ist die Waage. Sie soll darstellen, dass nur Ausgeglichenheit, also wenn beide Waagschalen auf gleicher Höhe stehen, zur Gerechtigkeit führt.

1. Probiert an folgenden Beispielen aus, ob es immer möglich ist, ausgeglichen zu handeln, also gerecht zu sein!

Alle essen, was auf dem Tisch steht.

Vier Äpfel sollen an zwei Kinder verteilt werden.

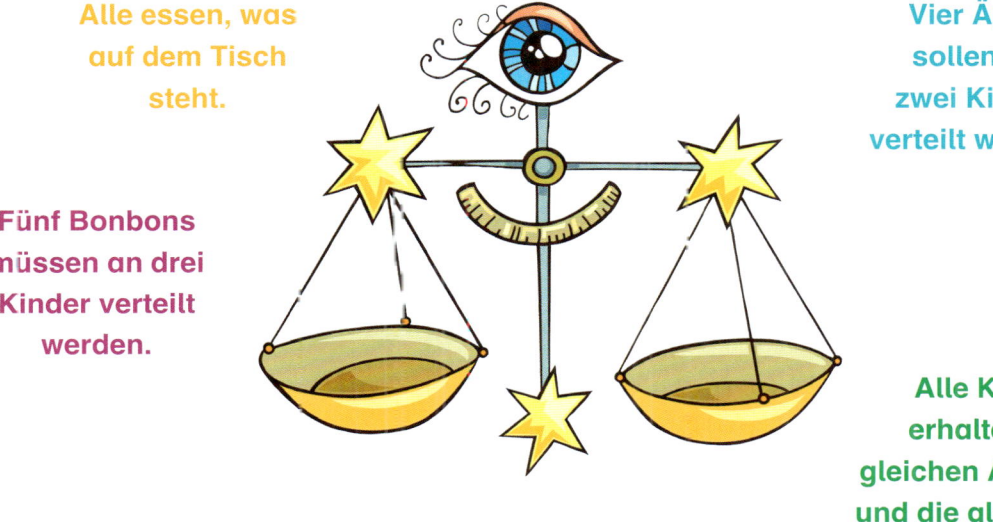

Fünf Bonbons müssen an drei Kinder verteilt werden.

Alle Kinder erhalten die gleichen Aufgaben und die gleiche Zeit in der Klassenarbeit.

Zwei Brüder erhalten immer das Gleiche zum gleichen Zeitpunkt: Schuhe, Spielzeug, Haustiere.

2. Vergleicht eure Ergebnisse und begründet sie dabei!

Marc Aurel lebte von 121 bis 180 und war ein mächtiger römischer Kaiser. Er wurde als Staatsmann und Kriegsherr auch geachtet, weil er so klug war. Er sagte:

Oft tut auch der Unrecht, der nichts tut!

3. Finde ein Beispiel für dieses **Zitat** von Marc Aurel aus deinem Leben!

Gerechtigkeit und Zensuren

„Mir muss niemand etwas über Gerechtigkeit in der Schule erzählen!", Bernd ist stinksauer. Er war nicht zum Fußballtraining, nicht im Schwimmbad und hat kaum Computer gespielt, sondern immer nur gelernt, gelernt und gelernt für die blöde Mathearbeit. Und was ist herausgekommen – eine Vier. Wozu hat er bloß geübt? Alf, dieser Streber, hat gar nicht gelernt. Er war beim Training und mit Dörte im Bad und … hat eine Eins – volle Punktzahl. Das soll gerecht sein?

1. Kannst du Bernds Ärger verstehen? Begründe deine Antwort!
2. Suche eine gerechtere Lösung! Erkläre sie deinen Mitschülern!
3. Fertigt ein positives und ein negatives Akrostichon zum Wort ZENSUR an!

Z	
E	
Nötig	**Nutzlos**
S	
U	
R	

4. Euer/e Lehrer/in ist heute Gesprächsleiter: Besprecht, wie eine Schule ohne Zensuren aussehen könnte und wie sie funktionieren würde!

Es ist gar nicht so einfach!

Oma sagt: „Wie du mir, so ich dir!".
Also hat Lisa ihrer Freundin einen Euro geklaut, denn die hat ihr einen Stift gestohlen.
Doch Oma tadelt sie und sagt: „Das Wichtigste, egal ob man gerecht oder ungerecht
behandelt wurde, ist die GOLDENE REGEL zu beachten!"
Was soll das nun wieder heißen?

Erinnere dich, von der GOLDENEN REGEL hast du im Ethikunterricht schon gehört.
Bereits vor hunderten von Jahren wurde die GOLDENE REGEL in verschiedener
Formen formuliert:

Behandle andere so, wie du von ihnen behandelt werden möchtest.

1. Was bedeutet die GOLDENE REGEL für unser Beispiel oben?
2. Welche Möglichkeiten hat Lisa, gegen den Diebstahl vorzugehen? Beachte bei
   deinen Vorschlägen auch immer die GOLDENE REGEL!

3. Spielt nach, wie Lisa sich mit ihrer Freundin einigen könnte!

GeRECHTigkeit!

Nicht für alle Kinder auf unserer Welt geht es gerecht zu. Deshalb benötigen sie RECHTE, die ihnen von den Erwachsenen zugesichert werden müssen. Ihr denkt, das ist selbstverständlich? Nein, ist es nicht!

Bei der Durchsetzung von Kinderrechten kommt der **UNO** eine besondere Rolle zu. In der UNO arbeiten fast alle Länder der Erde mit dem Ziel zusammen, Armut und Kriege zu verhindern.

Die UNO verfügt über ein Kinderhilfswerk. Es heißt UNICEF.
Diese Organisation setzt sich für die Kinder auf der ganzen Welt ein. Sie will dafür sorgen, dass kein Kind Hunger leiden muss, dass jedes Kind zur Schule gehen kann und nicht arbeiten muss.

Im Jahr 1989 haben viele Mitgliedsstaaten der UNO einen Vertrag miteinander geschlossen. Dieser heißt:

Kinderrechtskonvention

Mit ihrer Unterschrift haben die Länder versprochen, die Kinderrechte einzuhalten. In Deutschland gilt die Kinderrechtskonvention erst seit 1992. Fast alle Länder der Erde haben die Kinderrechtskonvention unterschrieben, nur Somalia, das ist ein Land in Afrika, und die USA nicht.
Insgesamt gibt es 54 Kinderrechte, die in der Konvention aufgezählt werden.
Es geht dabei um folgende vier Schwerpunkte:
- Die Gleichbehandlung
- Bevorzugte Behandlung als Kind
- Das Leben und die persönliche Entwicklung jedes Kindes
- Die Achtung vor der Meinung und dem Willen des Kindes

Die wichtigsten Kinderrechte

Dies sind die zehn wichtigsten Kinderrechte, die jeder kennen und achten sollte!

1. Alle Kinder haben gleiche Rechte, kein Kind darf benachteiligt werden.

2. Kinder haben das Recht gesund zu leben, Geborgenheit zu finden und keine Not zu leiden.

3. Kinder haben das Recht zu lernen und eine ihren Bedürfnissen und Fähigkeiten entsprechende Ausbildung zu machen.

4. Kinder haben das Recht, zu spielen, sich zu erholen und künstlerisch tätig zu sein.

5. Kinder haben das Recht alle Fragen, die sie betreffen mitzubestimmen und zu sagen, was sie denken. Dafür sollen sie sich alle Informationen beschaffen können.

6. Kinder haben das Recht auf Schutz vor Gewalt, Missbrauch und Ausbeutung.

7. Kinder haben das Recht auf elterliche Fürsorge.

8. Kinder haben das Recht, dass ihr Privatleben und ihre Würde geachtet werden.

9. Kinder haben das Recht im Krieg und auf der Flucht besonders geschützt zu werden.

10. Behinderte Kinder haben das Recht auf besondere Fürsorge und Förderung, damit sie aktiv am Leben teilnehmen können.

Ergänzung:
Kein Kind darf Kindersoldat werden.

1. Lest die Kinderrechte gemeinsam!
2. Besprecht dann, welche Bedeutung sie für euer Leben haben!

Um mehr über die Kinderrechte zu erfahren, kannst du hier nachlesen:
http://www.unicef.de/kids/

Rechte für alle Kinder dieser Welt

Manchmal ärgern wir uns, weil wir ein teures Spielzeug nicht bekommen, ohne daran zu denken, dass unser Leben ohne das Spielzeug auch noch wunderbar ist.

Manchmal vergessen wir, dass es Kinder gibt, die täglich arbeiten oder betteln müssen, um überhaupt etwas zu essen zu bekommen.

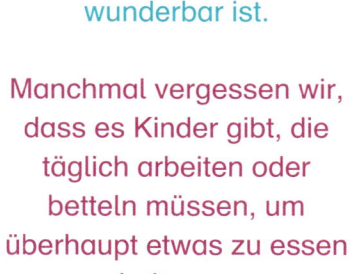

Manchmal wollen wir nicht hören, dass Kinder verkauft werden und dann wie Sklaven leben müssen.

Manchmal erschreckt es uns, wenn wir erfahren, dass auch heute noch weltweit jedem zweiten Kind lebenswichtige Dinge, wie Nahrung, sauberes Wasser oder ein Dach über dem Kopf fehlen.

Manchmal mögen wir unser Frühstück nicht, weil in der Brotbüchse nicht das ist, was wir haben wollten …

1. Informiert euch in Kinderbüchern oder im Internet über das Leben von Kindern in ärmeren Ländern!
2. Stellt ein Kind und seine Lebensumstände vor!
   Folgende Internetseite kann euch unter anderem helfen:
   http://www.younicef.de/kinderdieserwelt.html

Was kann ich tun?

Immer wenn Vincent im Unterricht oder im Fernsehen etwas über ausgebeutete Kinder hört, fühlt er sich schlecht. Aber meist vergeht das schnell wieder, wenn dann seine Kumpels klingeln und sie zusammen Fußball spielen, Fahrrad fahren oder vor dem Computer rumhängen…
Dieses Mal soll es aber nicht so sein. Er will wirklich etwas tun, aber was?
Zum Glück kann Vincent im Internet recherchieren, aber er fragt auch Erwachsene. Er findet einige Möglichkeiten, wie geholfen werden kann, Spenden für notleidende Kinder zu sammeln.

1. Überlegt gemeinsam, ob ihr nicht auch Hilfe für andere Kinder organisieren wollt!

Es gibt viele Möglichkeiten die zeigen, dass helfen Spaß machen kann!

2. Stimmt über euren Entschluss ab!
3. Legt gemeinsam einen Plan fest, wie ihr euer Vorhaben organisieren wollt!

29

Glückssuche

1. Teilt die Klasse in zwei Gruppen!
   Jede Gruppe geht durch den Klassenraum, das Schulhaus und über den Schulhof. Gruppe A schreibt auf, was euch dort glücklich macht!
   Gruppe B schreibt auf, was euch dort unglücklich macht!
   Legt gemeinsam eine Zeit dafür fest!

2. Vergleicht nun eure Ergebnisse!
   • Welche Gruppe hat mehr Fakten gefunden?
   • Was glaubt ihr, ist der Grund dafür?
   • Überlegt, warum das so ist!

Was ist denn eigentlich Glück?

Wusstet ihr das Glück oft unsichtbar ist?

Wenn Roland mit dem Fahrrad hinfällt und sich am Knie weh tut, ist er unglücklich, denn er hat Schmerzen.
Wenn Klara Rad fährt, denkt sie nicht die ganze Zeit: „Ich bin so glücklich, denn mein Knie tut nicht weh!"

Oft ist man sich also gar nicht bewusst, dass man glücklich ist. Wie soll man also glücklich sein, wenn man davon gar nichts bemerkt?

Man sollte deshalb als Erstes versuchen, zu erkennen, was Glück eigentlich ist.

1.   Findet mit Hilfe einer Begriffspyramide heraus, was Glück ist!

Nachdenken über das Glück...

Wir haben festgestellt, dass „Glücklichsein" nicht immer einfach ist, weil das Glück mitunter unsichtbar ist. Aber das Glück hat auch viele kleine Feinde …

❀ „Ich freue mich auf die Klassenfahrt! … Aber was ist, wenn ich Heimweh bekomme?"

❀ „Toll, dass ich nun das Rennrad habe! … Aber was ist, wenn ich hinfalle und es kaputt geht?"

❀ „Ich freue mich auf den Ausflug am Sonntag! … Aber am Montag schreiben wir die Mathematikarbeit!"

 1. Welchen Feind des Glücks erkennst du hier? Hast du ähnliche Erfahrungen?

Manchmal kannst du bestimmen, ob du glücklich bist.

 2. Ist das Glas halbvoll oder halbleer?

Paul sagt: „Ich wäre so glücklich, wenn morgen die Sonne scheint!"
Leider regnet es aber am nächsten Tag ohne Unterlass.

Paul hat sein Glück vom Zufall abhängig gemacht und so Pech gehabt.
Besser ist es, wenn wir unser Glück von Dingen abhängig machen, die wir selbst beeinflussen können. Dann kann man handeln und selbst etwas dafür tun, damit der gewünschte Zustand eintritt.
Tun wir das nicht, dann schimpfen wir und warten auf das große Glück, das vielleicht nie kommt.

 3. Nimm zwei kleine Zettel. Schreibe auf den ersten
• drei Situationen die dich glücklich machen würden, aber nie passieren werden.
Auf den zweiten
• drei Situationen, die dich glücklich machen können, weil du sie beeinflussen kannst!

4. Lies deine Wünsche vor, wenn du magst!

 5. Geht nun zum Papierkorb, zerreißt den ersten Zettel und lasst die Schnipsel verschwinden!
So hängt ihr euer Herz nicht an ein Glück welches vielleicht nie kommen wird!

Glück kann man teilen, Unglück auch

Lisa erzählt Klaus, dass sie in einem **Philosophie**buch für Kinder eine merkwürdige Geschichte gelesen hat. Sie versucht die Geschichte nachzuerzählen:

Ein gewisser Felix hat drei Kilogramm Glück in der Tasche. Da trifft er seinen besten Freund Jens und erzählt ihm von den drei Kilo Glück. Jens freut sich und sagt: „Toll, das ist schön für dich!" Da Jens sich für Felix freut, hat er plötzlich auch ein Kilogramm Glück in der Tasche. Felix bemerkt das und zack, sind aus seinen drei Kilo vier Kilo geworden ...

„Ehrlich,", sagt Lisa dann: „das ist doch ganz großer Quatsch?!"
Klaus findet das gar nicht. Er kennt sogar ein Sprichwort, das dazu passt:

> *Glück ist das Einzige was sich verdoppelt, wenn man es teilt!*

 1. Was würdest du sagen? Ist die Geschichte Quatsch oder wird hier eine Wahrheit lustig erzählt? Begründe deine Antwort mit einem Beispiel!

Kann man Unglück auch teilen?

Auch das Unglück sollte man teilen, weil man sich so getröstet fühlt und das Unglück leichter zu tragen ist. Manche Menschen trauen sich nicht, anderen von ihrem Kummer zu erzählen, weil sie niemanden belasten wollen. Aber das ist nicht gut, denn Kummer kann sogar krank machen.
Mitunter wollen andere nicht hören, welches Unglück einem Freund widerfahren ist, weil sie Angst vor dem eigenen Schmerz haben. Zu Liebe und Freundschaft aber gehört es dazu, das Unglück des Anderen mitzutragen.
Auch hierfür gibt es ein Sprichwort:

Geteiltes Leid ist halbes Leid!

 2. Findest du auch für dieses Sprichwort Beispiele aus deinem eigenen Erleben?

Was ist Zeit?

Die kleine Anne fragte ihre große Schwester: „Was ist denn eigentlich die Zeit?"
„Ganz klar, die Zeit ist …!"… Weiter kam die große Schwester nicht mit ihrer Antwort.
Ganz klar und dann doch nicht so klar?

1. Erkläre mit deinem Partner/deiner Partnerin den Begriff „Zeit" mit Hilfe einer Begriffspyramide, welche ihr ganz allein vor euch aufbaut!
   Wählt deshalb eure Partner so, dass alle die Aufgabe lösen können!

2. Besprecht dann eure Ergebnisse und findet eine gemeinsame Erklärung des Begriffes „Zeit"!

Die Zeit kann man ganz genau messen, mit Uhren, Kalendern und …
Trotzdem erscheint uns gleiche Zeitdauer oft unterschiedlich lang:

Eine Stunde Sport geht schnell vorbei, aber in … glaubt man die Zeit vergeht nie.
Eine halbe Stunde Hausaufgaben dauern ewig, aber eine halbe Stunde Fußball spielen vergeht wie im Fluge.
Zwei Stunden mit einer Freundin im Kino vergehen ruck zuck, aber zwei Stunden zu Besuch bei Tante Frieda werden zur Qual.

Die **objektive** Zeit bleibt immer gleich, die **subjektive** Zeit erscheint uns ganz unterschiedlich.

3. Kläre die Begriffe objektiv und subjektiv mit Hilfe des Lexikons!
4. Finde nun eigene Beispiele für dein subjektives Zeitgefühl!

5. Überlegt gemeinsam, warum für uns die Zeit manchmal schnell und manchmal quälend langsam vergeht!

Ich bin's, ich war's, ich werd' es sein!

Das kleine Kind dort auf dem Bild

Das kleine Kind dort auf dem Bild,
das mit dem Teddybären spielt,
das Kind mit dem runden Kopf,
das Kind dort mit dem blonden Schopf,
es geht mir gar nicht aus dem Sinn,
dass ich das mal gewesen bin.

Und wenn ich mal nach langer Zeit
ein Bild mir anseh', wie ich heut
und jetzt im Augenblick ausschau ,
dann werde ich wohl ganz genauso
denken: War das wirklich ich?
Wie hab' ich bloß verändert mich!

Und doch bin ich nach Tag und Jahr
Stets immer der noch, der ich war.
Die Zeit vergeht, die Zeit verrinnt,
aus einem Baby wird ein Kind
und aus dem Kind wird irgendwann
mal eine Frau oder ein Mann.

Und doch: jung, alt, groß oder klein
Ich bin's, ich war's, ich werd' es sein!   Helmut Zöpfl

1. Lest das Gedicht aufmerksam und klärt Fragen zum Inhalt, die vielleicht entstehen!
2. Was **bleibt** bei einem Menschen immer **gleich**, egal, ob klein oder groß, jung oder alt?
3. Was macht die Persönlichkeit eines Menschen aus, so dass er unverwechselbar er selbst bleibt?

4. Bringe drei „Zeitzeuger" mit und stelle sie den anderen vor!
   • Aus deiner Babyzeit,
   • aus deiner Grundschulzeit
   • und etwas, von dem du glaubst, dass es eine Rolle in deinem Erwachsenenleben spielen könnte!

Eine Zeitmaschine?!

Schon immer war es ein Traum der Menschen Zeitreisen zu unternehmen. Vielleicht wirst du ja als Erwachsener helfen, diesen Traum zu verwirklichen?

Bedenke, keiner glaubte, dass Menschen fliegen können und heute… also, warum solltest du nicht von Zeitreisen träumen?

1. Überlegt gemeinsam, wie eure Zeitmaschine aussehen könnte!
   Welche Teile müssen unbedingt hinein?

2. Zeichnet eine Zeitmaschine, wie ihr sie euch vorstellt auf ein großes Blatt! Ihr könnt die einzelnen Bauteile auch beschriften!

3. Überlegt, wohin eure Reise gehen soll!

4. Was wollt ihr dort entdecken?

5. Was ist euch bei der Reise am wichtigsten?
   - Abenteuer
   - Festigen eurer Freundschaft
   - Wissenschaftliche Erkenntnisse
   - Spaß
   - Ruhm
   - Neue Ideen
   - Angst überwinden …

   Wählt drei Punkte aus!

6. Jede Gruppe stellt nun ihre Zeitmaschine vor und beantwortet die Fragen 3 bis 5!

Zeit hinterlässt Spuren …

Zeit kann man nicht sehen, nur schwer fühlen und doch hinterlässt sie Spuren…

1. Sprecht über die Abbildungen und versucht dabei zu erklären, wie es möglich ist, dass die unsichtbare Zeit sichtbare Spuren hinterlässt!

Leben

Woher weiß man eigentlich, ob etwas lebt oder nicht?

 1. Schreibt gemeinsam drei Merkmale für Leben auf und überprüft anhand der Abbildungen, ob sie richtig sind!

 2. Tragt eure Ideen zusammen! Wie viele Merkmale des Lebens habt ihr gefunden?

Alt und jung!?

Oma wohnt seit einigen Monaten bei Franks Familie. Darauf hat er sich gefreut, denn Oma Gisela ist die beste Köchin der Welt, sie spielt mit ihm endlos Mau Mau und sie kann so spannend von früher erzählen.

Aber was ist bloß mit Oma los? Gestern ließ sie das Essen anbrennen, sodass der Feuermelder anging, heute weiß sie angeblich nicht mehr wie Mau Mau geht. Frank ist ganz schön genervt. Er meckert die Oma an.

Franks Vati nimmt ihn zur Seite: „Wir hätten es dir schon längst sagen sollen, aber wir wussten nicht wie … Oma ist sehr krank. Sie verliert langsam ihr Gedächtnis. Irgendwann wird sie sogar vergessen wer wir sind." Frank versteht das Ganze nicht: „Warum geht Oma dann nicht zum Arzt und bekommt Medikamente …?" Vati erklärt Frank, dass die Krankheit Alzheimer unheilbar ist. Das bedeutet, dass der Oma nicht geholfen werden kann. Frank will das nicht hören und rennt weg. Das darf einfach nicht sein!

1. Wenn ihr noch nicht viel über die Krankheit Alzheimer wisst, erkundigt euch bei Erwachsenen oder lest selbst im Internet nach:
   http://www.afi-kids.de/about/index.htm

Immer noch fällt es Frank schwer, die Krankheit seiner Oma zu akzeptieren, aber nun ist er geduldiger und beschäftigt sich viel mit ihr. Ihre Lieblingsbeschäftigung ist weiterhin das Anschauen alter Fotos. Mit den Mau Mau Karten versuchen sie heute Kartenhäuser zu bauen und oft gehen sie zusammen spazieren. Manchmal passiert es, dass Frank sauer wird, wenn Oma zum hundertsten Mal fragt, wo der Kühlschrank ist. Es ist auch schwierig, seinen Freunden zu erklären, dass er beim Fußball fehlt, weil er auf seine Oma aufpassen muss.

Doch dann erinnert sich Frank, wie gern er früher bei Oma war, wie geduldig sie mit ihm umging, wenn er mal wieder einen Teller zerbrach oder beim Kartenspiel schummelte.

2. Sprich, wenn du magst, über deine Gedanken zum Text!

Vielleicht solltest du einmal wieder an deine Großeltern denken, sie anrufen oder ihnen eine andere Freude machen…

Abschied nehmen…

Es ist schwer, Dinge die man nicht mag, zu
akzeptieren.
Am schlimmsten ist es, den Tod zu
akzeptieren, obwohl er zum Leben dazu
gehört und unabänderlich ist. Kein
Lebewesen kann ihm entfliehen.
Die Erwachsenen sagen, die Natur hat das
so eingerichtet und es ist gut so …

 1. Versuche zu begründen, warum
   der Tod notwendig ist!

Wenn ein Mensch lebt

Wenn ein Mensch kurze Zeit lebt
Sagt die Welt, dass er zu früh geht.
Wenn ein Mensch lange Zeit lebt
Sagt die Welt, es ist Zeit.
…
Jegliches hat seine Zeit,
Steine sammeln,
Steine zerstreu'n,
Bäume pflanzen,
Bäume abhau'n
Leben und Sterben und Frieden und Streit.

Ulrich Plenzdorf

 2. Lies dir die erste Strophe genau durch und versuche sie zu erklären!
   3. Bist du auch der Meinung, dass es irgendwann Zeit wird, dass ein Mensch
      „geht"? Begründe deine Meinung!

Der Tod macht das Leben wertvoll!

Auch schon mit 10 Jahren sollte jedem klar sein, dass der Mensch etwas ganz Besonderes ist. Er ist das einzige Lebewesen auf unserer Erde, das selbst bestimmt, was es aus seinem Leben macht.

Wenn ein Maulwurf zur Welt kommt, kann er sich nicht entscheiden später einmal zu fliegen, aber ein Mädchen kann den Traum haben, Pilotin zu werden, und es liegt an ihm, diesen Traum zu verwirklichen. Eine Biene ist auf der Welt, um Nektar zu sammeln, dazu wurde sie geboren. Ein Mensch bestimmt selbst, welche Aufgabe er im Leben übernehmen will, was er aus seinem Leben macht.

Weil jeder Mensch begreift, dass sein Leben durch den Tod beendet wird, strengt er sich an, vorher seine Träume zu erfüllen. Würde er ewig leben, müsste er sich nicht anstrengen, um seinem Leben einen Sinn zu geben, sondern könnte so vor sich her leben. Doch der Mensch möchte Spuren hinterlassen, wenn er eines Tages sterben muss, Spuren, die an ihn und an die Dinge, die er vollbracht hat, erinnern.

Man muss also nicht fragen: „Warum muss ich sterben? ", sondern:

„Wie soll ich leben,
um Spuren zu hinterlassen?"

 1. Diskutiert darüber, wie diese „Spuren" aussehen könnten, was ist damit gemeint?

3. Wir entdecken unsere Geschichte!

Der Islam – Eine andere Welt

Tim war stinksauer, eigentlich wollte er im Meer baden oder am Pool liegen oder wenigstens mit den anderen Kindern im Hotel spielen. Stattdessen musste er mit seinen Eltern die Stadt besichtigen. Wie er das hasste!

Plötzlich zerriss ein lauter Ruf, nein, eher ein Lied, ein Singsang, Tims trübsinnige Gedanken. Das klang so fremd und war so laut, dass er neugierig wurde.

„Was soll denn das?", fragte er seinen Vati.

„Das ist der **Muezzin**, der vom **Minarett** aus die **Muslime** zum Gebet ruft!"

Tim verstand nur Bahnhof! Er kannte das Wort Muslim aus den Nachrichten und nicht immer waren diese Berichte freundlich. Musste er jetzt etwa Angst haben?

Seine Mutti lachte: „Siehst du, deshalb liegen wir nicht nur am Pool, sondern schauen uns die Orte auch an, in denen wir Urlaub machen, damit du besser Bescheid weißt! Hier in der Türkei sind sehr viele Menschen Muslime. Ihre Religion heißt **Islam**. Ihr Gotteshaus ist die **Moschee**. Dort siehst du eine!"

„Jede Moschee hat mindestens einen Turm, welchen man Minarett nennt. Von dort aus rief früher der Muezzin die Muslime fünf Mal am Tag zum Gebet.
Heute in der modernen und auch lauten Welt wird der Ruf des Muezzin meist von einer CD abgespielt und durch Lautsprecher verstärkt." Tim sieht auf dem Minarett einen **Halbmond** in der Sonne strahlen. Er weiß schon, dass dies ein wichtiges **Symbol** der Muslime ist.

Tim staunt nicht schlecht: „Fünf Mal beten am Tag, das ist ganz schön oft!"
Vati lacht: „Für uns schon, aber für Muslime sind diese Gebete ganz wichtig und fester Bestandteil ihres Tagesablaufes. Egal wo sie sich auf der Welt befinden, bemühen sie sich, die Gebetszeiten einzuhalten."
„Gehen wir jetzt in die Moschee hinein?" Tims Neugier war endgültig geweckt.
Das Leben in anderen Ländern ist spannend, baden kann er später immer noch.

1. Sprecht über eure Erlebnisse mit Religionen in eurem Urlaub!

Tim war sehr erstaunt, dass die Eltern am Eingang der kleinen Moschee die Schuhe auszogen. Vati erklärte, dass die Muslime dies auch tun, weil sie ihre Moschee nicht beschmutzen wollen. Natürlich werden also auch sie die Schuhe draußen lassen. Mutti bindet sich noch ein Tuch um den Kopf, so wie es die **Muslima** beim Beten tun.
In der Moschee sieht alles ganz anders aus, als in einer Kirche. Es fehlen nicht nur die Bänke …
„Wo ist denn der Altar mit der Bibel?"
Vati erklärt Tim, dass es hier keinen Altar gibt. „Das heilige Buch der Muslime heißt **Koran**. Den Muslimen sind die Worte des Korans sehr wichtig."
Tims Mutti erklärt weiter, dass Muslime beim Beten auf dem Boden knien und deshalb die Bänke fehlen. Den Gottesdienst leitet der **Imam**.
Tim erfährt von seinen Eltern viel und staunt, dass diese Religion viele Verbindungen zum Christentum hat, auch weil sie erst ungefähr 600 Jahre nach der Geburt Jesu entstand. Im Islam heißt der Gott **Allah**. Es ist der gleiche Gott, wie der der Christen …

Alles konnte Tim nicht sofort verstehen, aber er nahm sich fest vor, mehr über den Islam zu lernen, denn seine Neugier war geweckt.

Die Fünf Säulen des Islam

Im Mittelpunkt der islamischen Religion stehen fünf Pflichten, die die „Fünf Säulen des Islam" genannt werden. Jedes Kind lernt diese Pflichten bereits kennen und strebt danach sie zu erfüllen. Meist gelingt dies aber erst im Erwachsenenalter.

1. Säule: Das Glaubensbekenntnis
Wer Muslim werden möchte, muss sich zunächst vor Zeugen **zu seinen Glauben bekennen**.

 Dies ist das Glaubensbekenntnis der Muslime:
Ich bezeuge, dass es keine Gottheit außer Gott gibt und dass Mohammed der Gesandte Gottes ist.

2. Säule: Das tägliche Gebet
Jeder erwachsene Muslim soll fünfmal am Tag zu Allah beten. Man kann überall beten: auf Arbeit, im Park, zu Hause oder in der Moschee. Wichtig ist dabei nur, dass man sich vorher wäscht, um beim Beten rein zu sein und einen sogenannten Gebetsteppich benutzt. Außerdem muss der Betende sich in Richtung der Stadt Mekka wenden.

3. Säule: Einen Monat tagsüber fasten

Im **Fastenmonat Ramadan verzichten Muslime tagsüber auf Essen** und Trinken. Dies ist ein wichtiger Monat für die Muslime, weil in dieser Zeit der Koran von Gott an Mohammed gesandt wurde. Deshalb beschäftigen sie sich in dieser Zeit sehr intensiv mit dem Koran und Allah. Wer es schafft, diesen schwierigen Fastenmonat durchzuhalten, kann sehr stolz auf sich sein.

4. Säule: Die Armensteuer

Jeder Muslim **spendet einen Teil seines Besitzes für Arme** und Notleidende, denn im Koran steht, Gläubige sollen sich um die Menschen kümmern, welche nicht so viel haben wie man selbst. Wer gern etwas abgibt, ist nicht gierig und kann seinen anderen Besitz ohne schlechtes Gewissen für sich selbst verwenden.

5. Säule: Die Pilgerreise

Jeder erwachsene Muslim soll **einmal in seinem Leben die Stadt Mekka** besuchen. Dort wurde Mohammed geboren und dort wurde ihm auch der Koran offenbart. In Mekka befindet sich die Kaaba. Dies ist ein 15 m hoher würfelförmiger Bau, das wichtigste Heiligtum der Muslime.

1. Male mit deinem Partner ein Bild der „Fünf Säulen"!
   Präsentiert dann diese Zeichnung und erläutert dabei folgende Punkte:
   - Nennt die Bedeutung jeder einzeln Säule des Islam kurz!
   - Wählt eine Säule aus, welche euch beide besonders beeindruckt!
     Stellt diese Säule vor und begründet eure Entscheidung!
   - Beantwortet die Nachfragen eurer Zuhörer!

Jamilas Kopftuch

Tim ist aus dem Urlaub zurück und freut sich auf die Schule, weil er dann seine Freunde wiedersieht. Ein neues Mädchen ist in der Klasse. Das ist eigentlich nichts Besonderes, aber dieses Mädchen trägt ein Kopftuch – im Klassenraum! Das findet Tim ziemlich eigenartig. Natürlich weiß er, dass **Muslima** beim Beten ein Kopftuch tragen, aber im Klassenraum?

Auch die anderen Kinder gucken komisch, nur Amina nicht. Sie holt das Mädchen zu sich und nimmt es freundlich in die Arme. Endlich kommt Frau Meyer und begrüßt alle. Dann geht sie zu dem Kopftuchmädchen und sagt: „Das ist Jamila. Sie ist schon zwei Jahre älter als ihr, lernt nun aber bei uns, weil sie noch nicht lange in Deutschland lebt."

Max ruft vorlaut: „Die soll ihr Kopftuch abnehmen, wir sind hier doch nicht in der **Moschee**." Tim findet das blöd, aber irgendwie hat Max ja Recht …

Jamila schaut ein wenig ängstlich und schweigt. Amina spricht für sie: „Jamila ist **Muslima**. Im **Koran** steht, dass Frauen und Mädchen sich nicht schmücken sollen, sie sollen sich nicht auffällig schminken oder enge Kleidung tragen. Natürlich ist auch auffälliger Schmuck nicht erwünscht. Insgesamt soll eine Frau sehr zurückhaltend sein. Für Jamila bedeutet das auch, dass sie ihre Haare bedeckt, denn sie sind ihr natürlicher Schmuck." Jamila sagt schüchtern: „Ich will das so!"

Alle gucken erstaunt. Amina ist auch Muslima, das wissen alle, aber sie trägt kein Kopftuch! Amina schaut offen in die Runde: „Ja, ich bin auch Muslima, aber ich habe mich schon heute dagegen entschieden, immer ein Kopftuch zu tragen, weil ich hier in Deutschland lebe. Viele finden auch meine Haare schön und deshalb möchte ich sie gern zeigen. Außerdem – hatte ich Angst davor, dass ihr mich so anschaut, wie ihr es heute mit Jamila getan habt …!"

In Deutschland wird diskutiert, ob **Muslima** auch hier immer ihr Kopftuch tragen sollten.

1. Sprecht über die Meinungen von Jamila und Amina!
2. Welche Meinung habt ihr selbst?

Das Zuckerfest

Auch **Muslime** haben besondere Festtage, welche für sie von großer Bedeutung sind. So wird am Ende des Fastenmonats Ramadan ein dreitägiges Fest gefeiert. Es heißt Bayram. In der Türkei heißt dieses Fest auch Zuckerfest, denn es gibt viele Süßigkeiten und Leckereien nach den langen Wochen des Fastens. Die Kinder bekommen sogar kleine Geschenke.

Viel wichtiger als die Naschereien und Geschenke ist aber die Freude und Warmherzigkeit mit welcher sich die Familien und Freunde an diesen Tagen begegnen. Sie besuchen sich gegenseitig und gratulieren sich. Kinder in islamischen Ländern haben an diesen Tagen schulfrei. Auch in Deutschland können muslimische Eltern für ihre Kinder einen Tag schulfrei beantragen.

1. Vergleiche dieses Fest mit den **Traditionen** im **Christentum**!
2. Welches Fest beendet die Fastenzeit der Christen?

Das Judentum

Bereits vor 4.000 Jahren begann die Geschichte des **Judentums**. Damit ist das Judentum eine der ältesten Religionen der Welt.
In dieser Zeit lebten die Familien als Wanderhirten und eine jede glaubte an ihre eigenen Götter.
Jedoch Abraham glaubte nur an einen Gott.
Es wird berichtet, dass Abraham einen Bund mit Gott schloss: Gott schenkte ihm das Land im heutigen Israel und er versprach, stets für die Menschen zu sorgen.
Abraham verpflichtete sich, Gottes Regeln zu befolgen. Er gab nicht nur für sich selbst das Versprechen, sondern auch für seine ganze Familie und seine Nachkommen.
Deshalb nennt man Abraham den Stammvater der Juden.

Auch Abrahams Sohn und sein Enkel lebten auf dem geschenkten Land und hielten sich an den mit Gott geschlossenen Bund. Doch dann bedrohte eine Hungersnot das Land. Die Familien flohen nach Ägypten. Dort lebten sie zunächst friedlich, wurden später aber unterdrückt und als Sklaven zur Arbeit gezwungen.

 1. Die **Juden** werden auch als die „Söhne Abrahams" bezeichnet. Erkläre, warum!

Ein Mann namens Moses soll das Volk der **Juden** im Auftrag Gottes befreit und es unter großen Gefahren aus Ägypten geführt haben. Auch dabei half Gott: Man sagt, er teilte das Meer, damit die Flüchtlinge unbeschadet an das andere Ufer gelangen konnten.

Auf ihrem Weg in das sichere Land, erhielt Moses von Gott auf dem Berg Sinai zwei Steintafeln mit den Zehn Geboten.

 1. Ihr habt die Zehn Gebote bereits kennengelernt, als über die christliche Religion gesprochen wurde. Tragt zusammen, wie die Zehn Gebote lauter!

 2. Welches Gebot hältst du für das wichtigste? Begründe!

Wissenswertes über das Judentum

DAVIDSTERN
Der Davidstern ist ein wichtiges Symbol der Juden. Er befindet sich unter anderem auf der Flagge des Staates Israel. Der Stern hat viele Bedeutungen für das jüdische Volk.

SYNAGOGE
Die Synagoge ist das Gotteshaus der Juden. Hier diskutieren sie über ihre heiligen Schriften und beten gemeinsam.

RABBINER (auch Rabbi)
Er leitet den Gottesdienst der jüdischen Gemeinschaft, ist deren Lehrer in Glaubensfragen und steht den Menschen auch sonst hilfreich zur Seite.

KIPPA
Beim Gebet tragen die Männer ein kleines Gebetskäppchen – die Kippa.

TORA

Die Tora ist die heilige Schrift der Juden.

Sie ist in hebräischer Sprache geschrieben.

Sie enthält die Geschichte des jüdischen Volkes und die Weisungen Gottes.

Die Tora ist kein Buch, sondern eine Schriftrolle.

Aufbewahrt werden die wertvollen Schriftrollen in einem besonderen Schrank in der Synagoge, dem Toraschrein.

Der Gott der Juden

Die Juden glauben an einen einzigen Gott. Gott benötigt keinen Namen, weil ein einziger Name gar nicht ausreicht. Viele nennen ihn in hebräischer Sprache **ehjeh ascher ehjeh**. Das bedeutet „Ich bin was ich bin.".

MENORA

Menora ist der hebräische Namen für „Leuchter". Seine Form erinnert an einen Baum. Die Menora erstrahlt in der Synagoge als Zeichen der Zuversicht.

Jüdische Feste – Sabbat

Jede Woche feiern die Juden **Sabbat**. Er beginnt am Freitagabend nach Sonnenuntergang. Dann zündet die Hausfrau zwei Kerzen an und spricht zur Begrüßung des Sabbats einen Segensspruch. Anschließend geht die ganze Familie in die Synagoge, um den Beginn des Sabbats zu feiern. Wieder zu Hause waschen sich alle gründlich die Hände, danach beginnt das gemeinsame Mahl. Es gibt dabei ein besonderes Brot. Nach dem Essen sitzen alle noch zusammen, lesen sich etwas vor, spielen oder singen gemeinsam.

Auch der Sonnabend gehört zum Sabbat. An diesem Tag sollen jüdische Menschen nicht arbeiten, sondern sich ganz der Familie und engen Freunden, aber vor allem Gott widmen.

Die Hausfrau hat das Essen für diesen Tag vorbereitet, denn es darf nicht gekocht werden am Sabbat. Gläubige Juden fahren an diesem Tag nicht Auto, schauen kein Fernsehen und selbst ein Fahrstuhlknopf sollte nicht gedrückt werden. Mit diesem Ruhetag befolgen die Juden ein Gebot Gottes.

Er verlangt, dass sie an einem Tag in der Woche Zeit zum Ausruhen, Nachdenken und Beten haben. Deshalb sind die Besuche in der Synagoge für die Familien am Sabbat besonders wichtig. Am Sonnabend, wenn die ersten drei Sterne aufgegangen sind, wird der Sabbat verabschiedet. Dazu wird eine offene silberne Dose herumgereicht in welcher sich wohlriechende Kräuter befinden. Deren Duft soll an den schönen Sabbat erinnern.

Überlege!
1. Gibt es einen Duft, der dich an ein besonders schönes Ereignis erinnert? Erzähle davon, wenn du möchtest!
2. Was würdest du gern vom Sabbattag übernehmen, was gefällt dir nicht so gut?

Vielleicht möchtest du auch mit deinen Eltern darüber reden, ob ein echter Familientag in der Woche nicht eine gute Idee wäre?

Jüdische Feste – Jom Kippur

Jom Kippur wird zehn Tage nach dem jüdischen Neujahrsfest, zu Herbstbeginn, im September oder Oktober gefeiert. Jom Kippur ist der Tag der großen Versöhnung An diesem wichtigen Tag fasten die erwachsenen **Juden**. Sie versuchen das vergangene Jahr zu überdenken und sich mit Menschen zu versöhnen, die sie verletzt haben. Durch Gebete in der Synagoge entschuldigen sich die Gläubigen bei Gott, falls sie nicht immer seine Regeln befolgt haben. Jom Kippur ist der wichtigste jüdische Feiertag.

Im Ethikunterricht hat die Klasse 4a über Jom Kippur, das Versöhnungsfest der Juden, gesprochen.
Peter nimmt in der Pause Klaus zur Seite und sagt: „So ein Fest wäre toll, dann müsstest du dich endlich für alles entschuldigen!"
Klaus staunt nicht schlecht: „Wofür sollte ich mich denn entschuldigen?"
Peter beginnt aufzuzählen: „Du hast ein wichtiges Tor nicht gehalten, zu deinem Geburtstag hast du mich nicht eingeladen, du sitzt neben Katrin, obwohl ich dort sitzen will, laufend hast du Einsen …!"
Klaus ist sprachlos …

1. Wie hättet ihr an Klaus' Stelle reagiert?
   Besprecht es gemeinsam und spielt es dann der Klasse vor!

2. Überlegt, für welche Dinge man sich im Allgemeinen entschuldigen sollte!

Entscheide nun selbst, ob es Ereignisse gibt, für die du dich entschuldigen möchtest! Wirst du es auch tun?

Viele Unterschiede und viele Gemeinsamkeiten

Ihr habt nun viele erstaunliche Dinge über drei wichtige Religionen der Welt gehört. Dabei erscheint manches fremd und ungewohnt, anderes vertraut und interessant.

Überall auf der Welt stellen die Menschen die Frage nach dem Sinn des Lebens.
Warum leben wir?
Warum müssen wir sterben und was geschieht danach mit uns?
Auf diese Fragen versuchen die Religionen Antworten zu geben. Sie spenden Trost und geben Hoffnung, wenn man unglücklich ist. Sie erklären wie man leben soll, um glücklich zu werden.

Es ist wichtig, über die Religionen Bescheid zu wissen, um gläubigen Menschen mit **Respekt** und **Toleranz** zu begegnen und Streit und sogar Kriege zwischen Menschen, die unterschiedlichen Religionen angehören, zu verhindern.

1. Das Gespräch leitet eure Lehrerin oder euer Lehrer.
   Diskutiert gemeinsam, warum FREMDES Angst macht! Was kann man dagegen tun?

Die Stadt Jerusalem

Jerusalem ist eine Stadt in Israel. Sie hat große Bedeutung für die Juden, die Christen und auch die Muslime. Denn in dieser Stadt befinden sich Heiligtümer aller drei Religionen.

1. Der Felsendom
Er ist ein wichtiges Heiligtum des Islam. Im Inneren des Domes befindet sich ein Felsen. Die Muslime glauben, dass Mohammed von dort aus mit seinem Pferd Burak in den Himmel aufstieg.

2. Die Grabeskirche
In Jerusalem wurde Jesus verraten, zum Tode verurteilt, gekreuzigt und zu Grabe getragen. Hier ist er wieder auferstanden.

3. Die Klagemauer
Für die Juden ist Jerusalem die Hauptstadt Israels. Dort befand sich der Tempel des berühmten König David. Vom Tempel steht nur noch die westliche Mauer. Dort beten die Juden und stecken Zettel mit Bitten an Gott in die Mauerritzen.

Jerusalem besuchen täglich hunderte Gläubige aller drei Religionen, um ihre Heiligtümer zu besuchen. Dieses friedliche Miteinander sollte ein Beispiel für das Leben in aller Welt sein.

1. Suche auf einer Weltkarte die wichtigsten Orte aus diesem Kapitel noch e nmal auf: Deutschland (Wittenberg), die Türkei, Saudi Arabien (Mekka) und Israel (Jerusalem)!

Martin Luther – ein vorbildlicher Christ

Martin Luther wurde am 10. November 1483 in Eisleben, einer Stadt im heutigen Bundesland Sachsen-Anhalt, geboren. Seine Familie war wohlhabend.
Da Martin ein sehr kluges Kind war, durfte er die besten Schulen besuchen.
Schließlich studierte Martin Luther sogar.
Er wurde ein **Mönch** und lebte später in der Stadt Wittenberg.

Es gab viele Dinge, die Martin Luther damals in Deutschland nicht gefielen. Viele Menschen lebten in großer Armut und hatten nur wenige Rechte.
Er fand es auch nicht gut, dass der **Papst** mehr Rechte besaß, als der König.
Hinzu kam der Verkauf von **ABLASSBRIEFEN** durch den **Mönch** Johannes Tetzel, der auch in Wittenberg stattfand.
Die Christen glauben auch heute fest daran, dass sie nach dem Tod weiterleben:
Aber wer schafft es, immer richtig zu handeln und Gutes zu tun? Vielen Menschen gelingt das nicht.
Zu Luthers Lebzeit kauften selbst die Armen deshalb für viel Geld einen **Ablassbrief**.
Sie meinten, dass damit alles wieder gut ist, dass ihre Fehler damit verziehen sind.
Für Martin Luther war das unerhört: Nur Gott allein konnte den Menschen verzeihen oder sie für ihre **Sünden** bestrafen. Deshalb wollte er die Menschen aufrütteln.

1. Wie findest du die Idee des Ablasshandels?
2. Würdest du dafür bezahlen, wenn damit die Strafe für eine vergessene Hausaufgabe erledigt wäre?
3. Wie viel würdest du zahlen?

Luther schrieb alles, was er am Christentum im Moment nicht in Ordnung fand, in 95 **Thesen** auf. Diese nagelte er am 31.Oktober 1517 an das Tor der Wittenberger Schlosskirche.

Damit bewies Martin Luther großen Mut, denn es ist nicht einfach, öffentlich zu sagen, was nicht stimmt und sich so gegen die Herrschenden zu stellen.

Es geschah tatsächlich, dass Martin Luther vom Papst aus der Kirche ausgeschlossen wurde und der deutsche Kaiser, Karl V., ihn verfolgen ließ. Aber er hatte auch viele Freunde, die ihm halfen. So versteckte der Kurfürst von Sachsen, Ludwig der Weise, ihn auf der Wartburg bei Eisenach. Dort begann er die **Bibel** ins Deutsche zu übersetzen. Dies war sehr wichtig, denn bis dahin, konnte das einfache Volk gar nichts verstehen, wenn ein Priester im Gottesdienst aus der Bibel lateinisch vorlas.

Da immer mehr Menschen Martin Luther zustimmten, wagte es niemand, ihm etwas zu tun. Er sprach in vielen Kirchen über seine Ideen und Vorstellungen einer erneuerten **Kirche**.

Jedoch seine angestrebte **Reformation** führte zur Spaltung der bestehenden christlichen Religion. Es entstand die **evangelische Kirche**.

Deshalb feiern viele Menschen auch in unseren Bundesländern Sachsen-Anhalt und Sachsen am **31. Oktober den Reformationstag**. Für sie ist dies der Geburtstag ihrer evangelischen Kirche, den Martin Luther mit seinen 95 Thesen angeregt hat.

1. Besprecht mit eurem Lehrer/eurer Lehrerin die Reformation der Kirche durch Luther und klärt dabei eure Fragen!
2. Erkundigt euch, wie der Reformationstag alljährlich in Wittenberg gefeiert wird!

Der jüdische Schriftsteller Friedrich Wolf

Friedrich Wolf wurde am 23.Dezember 1888 als Sohn jüdischer Eltern in Neuwied am Rhein geboren.

Er war Arzt und Schriftsteller und setzte sich für die Rechte armer Menschen ein.

Er musste als Arzt im Ersten Weltkrieg viel Schlimmes erleben. Deshalb hat er sich sein Leben lang immer gegen Kriege gewandt.

Deutschland musste er zusammen mit seiner Frau und seinen beiden kleinen Söhnen 1933, verlassen, weil er **Jude** war und deshalb von den **Nationalsozialisten**, vor denen er immer gewarnt hatte, verfolgt wurde.

Er überlebte auch den Zweiten Weltkrieg und schrieb viele Theaterstücke und Romane über die Zeit des Krieges.

Aber auch die Geschichte von der „Weihnachtsgans Auguste" hat er sich ausgedacht und sie in sein Buch „Märchen für große und kleine Kinder" geschrieben. Nach dem Zweiten Weltkrieg zog er mit seiner Frau Else nach Lehnitz bei Berlin, wo er bis zu seinem Tod am 5. Oktober 1953 lebte und arbeitete. Die Grundschule dort trägt heute seinen Namen, weil er sich mit seiner Frau besonders für ein besseres Leben der Kinder einsetzte.

1. Lest gemeinsam eine Geschichte für Kinder von Friedrich Wolf!

Benjamin Idriz – Imam mit einem Traum

Benjamin Idriz wurde in Mazedonien geboren. Er ist **Muslim** und lebt heute in Penzberg bei München. Dort ist er der **Imam** der islamischen Gemeinde. Schon mit elf Jahren wurde Benjamin Idriz „Hafiz". Dies ist ein Ehrentitel für jemanden, der den gesamten Koran auswendig kann!

Benjamin Idriz will nicht nur für die Muslime in Penzberg da sein. Ihm ist sehr wichtig, dass sich die Menschen aller Religionen besser verstehen, dass sie gegenseitig ihre Religionen und ihre Lebensweisen kennenlernen und sich akzeptieren.

Diese Aufgabe ist nicht immer einfach, da viele Menschen **Vorurteile** haben.

Aber Imam Benjamin Idriz wird nicht müde immer wieder zu betonen, dass Vorurteile nur abgebaut werden können, wenn wir uns besser kennenlernen und verstehen, dass alle Religionen viele Gemeinsamkeiten haben.

Benjamin Idriz setzt sich für ein „Zentrum für Islam in Europa" in der Stadt München ein. Hier sollen moderne Muslime, egal aus welchem Land sie nach Deutschland kamen, Hilfe finden, um sich besser einzuleben. Und Deutsche sollen hier die Möglichkeit haben, den islamischen Glauben besser zu verstehen

Benjamin Idriz bekommt für dieses Vorhaben viel Unterstützung, aber auch schlimme Anfeindungen. Auch in Deutschland gibt es Menschen, die nicht wollen, dass sich Gläubige aller Religionen besser kennenlernen und verstehen.

1. Besprecht gemeinsam, ob es Vorurteile in eurer Klasse gibt!
2. Wie kann man diesen Vorurteilen begegnen?

4. Ich entdecke die Natur!

Der Mensch ist ein Teil der Natur

> **Das Verhältnis des Menschen zur Natur ist sehr eng,
> denn der Mensch ist auch ein Teil der Natur.**

1. Findet gemeinsam **Fakten**, die diese Aussage bestätigen! Fertigt dafür eine Mindmap nach dem abgebildeten Muster an:

Atm …

Bew …

Tiere nutzen die Natur ohne sie dabei grundlegend zu verändern. Sie bauen ihre Behausungen dort, wo sie günstige Bedingungen finden. Sie leben in Gebieten, wo es für sie ausreichend Nahrung gibt.

2. Findet gemeinsam Beispiele, wie Tiere ihre natürliche Umgebung „ausnutzen", um gut zu leben!

Der Mensch verändert die Natur

Der Mensch ist nicht nur ein Teil der Natur, sondern er verändert sie auch nach seinen Vorstellungen, um besser zu leben. Dies tut kein anderes Lebewesen in solch einem Umfang.

In der Frühgeschichte der Menschheit war der ganze Kontinent mit dichten Wäldern bedeckt, die den Menschen als Nahrungsgrundlage dienten. Sie jagten das Wild und sammelten Beeren und Pflanzen. Damals schliefen die Menschen noch in Höhlen oder Erdgruben. Zog das Wild weiter, dann zogen ihm die Menschen hinterher.

Später, als sie **sesshaft** wurden, fällten sie mit ganz einfachen Werkzeugen Bäume, aus denen sie ihre Häuser bauten und Brennholz gewannen. Sie fällten nicht nur ganze Wälder, sondern sie gruben auch die Wurzeln der Bäume aus und schufen dadurch Platz für ihre Siedlungen, ihre Felder und die Weideflächen für ihr Vieh. Durch diese Eingriffe haben bereits unsere Vorfahren die Landschaft so sehr verändert, dass man das heute noch sieht.

Später gruben die Menschen in der Erde nach wertvollen Erzen zum Beispiel nach Eisen, um damit ihre Werkzeuge und Waffen zu verbessern. Als sie immer mehr Holz für ihre Häuser und den Bergbau brauchten, begannen sie sogar die Wälder an den Berghängen zu roden. Dadurch kam es bei starken Regenfällen zu Erdlawinen, die ganze Dörfer unter sich begruben.

1. Seht euch in Büchern oder im Internet Bilder von Menschen in der **Bronzezeit** an! Sprecht darüber!
2. Überlegt, ob die Menschen damals schon einschätzen konnten, welchen Einfluss ihr Umgang mit der Natur auf das spätere Leben hat!

Der Mensch nutzt die Natur

Heute erleichtern wir uns das Leben durch viele technische Produkte. Kaum eine Familie kann sich vorstellen, ohne Fernseher, Handy, Computer oder ohne Auto zu leben.

1. Zählt, wie viele Handys, Fernseher, Computer und Autos sich in den Familien eurer Klasse befinden!
Schätzt zunächst die Anzahl und zählt dann mit Hilfe einer Strichliste genau nach! Zu welchem Ergebnis seid ihr gekommen?

Nun werdet ihr fragen, was denn ein Auto oder ein Fernseher mit der Natur zu tun haben …
All diese Dinge bestehen aus **Rohstoffen**, die der Mensch aus der Natur gewinnt, indem er die Natur verändert, sie zum Teil auch zerstört. Die so gewonnenen Rohstoffe müssen dann in Fabriken verarbeitet werden, damit daraus zum Beispiel ein Handy wird. Es besteht aus mehreren hundert Einzelteilen:

- Kunststoffe
- Kupfer
- Zinn
- Eisen
- Nickel
- andere seltene Metalle

Die Natur wird aber nicht nur verändert und zerstört, um die vielen Rohstoffe zu bekommen, sondern auch dann, wenn die teuren technischen Produkte alt oder kaputt sind. Mit dem Müll wird die Natur noch einmal belastet.
Ein Handy zum Beispiel darf nicht in der Restmülltonne landen, denn in einem normalen Müllverbrennungsofen kann es nicht vollständig verbrannt werden. Außerdem entstehen dabei hochgiftige Gase, die die Umwelt schädigen.

2. Informiere dich, wie Handys richtig **recycelt** werden!

Wir haben festgestellt, dass uns viele moderne Produkte heute das Leben erleichtern und verschönern.

Um die Rohstoffe für diese Produkte zu gewinnen, sie in riesigen Fabriken herzustellen, damit sie dann auch funktionieren und um sie später wieder zu recyceln benötigt man **STROM.**

Aber woher kommt der Strom eigentlich?

Der Strom wird in Kraftwerken gewonnen. Kraftwerke sind
technische Anlagen zur Stromerzeugung. Es gibt verschiedene Arten von Kraftwerken, je nachdem welche Energie sie zur Stromgewinnung nutzen. Hier einige Beispiele:

Immer mehr Kraftwerke nutzen die vorhandenen natürlichen Gegebenheiten. Trotzdem ist jedes Kraftwerk ein großer Eingriff in die Natur.

1. Findet heraus, welche Vor- und Nachteile die Kraftwerke besitzen. Ihr könnt dazu auch die Internetseite http://www.stromgewinnung.com nutzen!
2. Stellt euch vor, ihr seid verantwortlich im Umweltamt und sollt entscheiden, welches der oben genannten Kraftwerke in der Nähe eures Schulortes gebaut wird! Überlegt gründlich und begründet eure Entscheidung dann vor der Klasse!

Strom aus Kohle

In unseren Bundesländern Sachsen und Sachsen-Anhalt wurde der Strom seit Beginn des letzten Jahrhunderts vorrangig aus Kohle gewonnen. In den Regionen um Leipzig, Merseburg und Bitterfeld lagerten die Kohlevorkommen nur dicht unter der Erde. So wurde bereits 1837 mit einfachsten Mitteln die Kohle im **Tagebau** aus der Erde geholt.

Die Eingriffe in die Natur waren sichtbar, aber noch nicht so schwerwiegend wie die späteren. Mit dem Einsatz von Baggern und Zügen, die die Kohle aus der Grube transportierten, wurden die Auswirkungen immer größer. Dabei wurden nicht nur Teile der Natur zerstört, sondern oft auch ganze Dörfer weggebaggert, weil darunter wertvolle Kohle lagerte. Die Bewohner bekamen neue Wohnungen, aber ihre Heimat war unwiderruflich verschwunden.

Heuersdorf, der letzte abgebaggerte Ort Sachsens

Trotz dieser Zerstörungen brachte die Kohle große Fortschritte in die Region Mitteldeutschland: Durch die Kohle konnte Strom billig in Kohlekraftwerken gewonnen werden. Deshalb siedelten sich viele Betriebe an, die den Menschen Arbeit und Sicherheit brachten. Viele **Tagelöhner**, welche zuvor in der Landwirtschaft nur wenig Geld verdienten, fanden nun sichere Arbeit und verdienten genug, um ihre Familien ausreichend zu versorgen.

1. Besprecht die Vor- und Nachteile der Kohlegewinnung in Mitteldeutschland! Fertigt dazu eine Tabelle an und stellt sie dann den anderen vor!

Kohlegruben werden Badeseen!

Als der Abbau von Kohle in Zwenkau und Mücheln vor rund 20 Jahren zu Ende ging, sah die Natur dort wie eine Mondlandschaft aus.
Tiefe Gruben, die aussahen wie Narben, zogen sich kilometerweit durch die Landschaft. Bäume und anderes Grün fehlten fast völlig.

 1. Besprecht, was es bedeutet, wenn Erwachsene sagen: „**Die Natur hat sich zurückgezogen!**" Wo ist sie hin, die Natur?

Den Verantwortlichen der ehemaligen Tagebaue war klar, dass sie die Landschaft so nicht zurücklassen konnten. Deshalb berieten sie mit den anliegenden Städten und Gemeinden gemeinsam, wie die Kohlegruben genutzt werden sollten.

Es entstanden riesige Erholungsgebiete, in deren Zentren Seen liegen. Diese Seen sind die mit Wasser vollgelaufenen **Tagebaue**. Viele Jahre genaue Planung und Arbeit waren nötig, um aus der zerstörten Landschaft, ein Erholungsgebiet zu errichten, das für Tiere und Pflanzen einzigartige Lebensbedingungen bietet und für uns Menschen einen Platz zur Erholung.
Dieses „Zurückholen" der Natur nennt man **Rekultivierung**.
Der Mensch ist das einzige Lebewesen auf unserer Erde, welches die Natur so umfassend zerstört, dass sie verschwunden zu sein scheint, aber er ist auch das einzige Lebewesen, welches seine Verantwortung wahrnehmen kann und mithilfe von Wissenschaft und Technik die Landschaft rekultiviert.

Neue Landschaften in Mitteldeutschland

 1. Betrachtet die Bilder und überdenkt das Gelesene! Diskutiert dann den Spruch:

Der Mensch braucht die Natur, aber die Natur den Menschen nicht!

Der Wolf kehrt zurück

Der Mensch hat auch dann in die Natur eingegriffen, wenn er sich bedroht fühlte.

So haben die Menschen im 20. Jahrhundert den Wolf bedingungslos gejagt. Sie erschossen die Wölfe wegen ihres Fells, weil sie Angst hatten, dass der Wolf ihr Vieh reißt und weil sie irrtümlich glaubten, dass der Wolf auch Menschen angreift.

Einer der letzten freilebenden Wölfe in Deutschland soll 1904 in der Lausitz geschossen worden sein. Später kamen immer wieder Wölfe über die polnische Grenze nach Deutschland. Sie wurden meist sofort erschossen oder in Fallen gefangen. Erst 1990 wurde es verboten, Wölfe zu erschießen. Im Jahr 2000 gelang es einem aus Polen zugewanderten Wolfspaar in der Lausitz in Sachsen erstmals seit zirka 150 Jahren wieder, Welpen in Deutschland aufzuziehen. Mittlerweile leben mehrere Wolfsrudel in der Lausitz.

Im Jahr 2009 gab es in Sachsen-Anhalt das erste Wolfsrudel in Altengrabow. Seither breiten sich die Wölfe weiter in Deutschland aus.

1. Du kannst dich auf der Internetseite des Kontaktbüros Wolfsregion Lausitz über den Wolf näher informieren! http://www.wolfsregion-lausitz.de

Noch heute gibt es Menschen, die misstrauisch beobachten, dass der Wolf in Deutschland wieder heimisch wird. Manchmal kann man in der Zeitung lesen, dass ein Wolf Schafe oder Ziegen von Bauern gerissen hat.

2. Überlegt gemeinsam, welche Gründe es gibt, dass viele Menschen trotz der Gefahren den Wolf wieder in Deutschland ansiedeln wollen!

Faszination Regenwald

Sicher habt ihr schon oft den Begriff Regenwald gehört. Doch was sind das genau für Wälder und wo gibt es sie?

Regenwälder gibt es nicht in Europa, denn hier ist es zu kalt. Regenwälder wachsen dort, wo es das ganze Jahr über 23° C bis 27°C warm ist, dort wo es viel regnet und deshalb die Luft immer feucht ist: In der Nähe des Äquators.

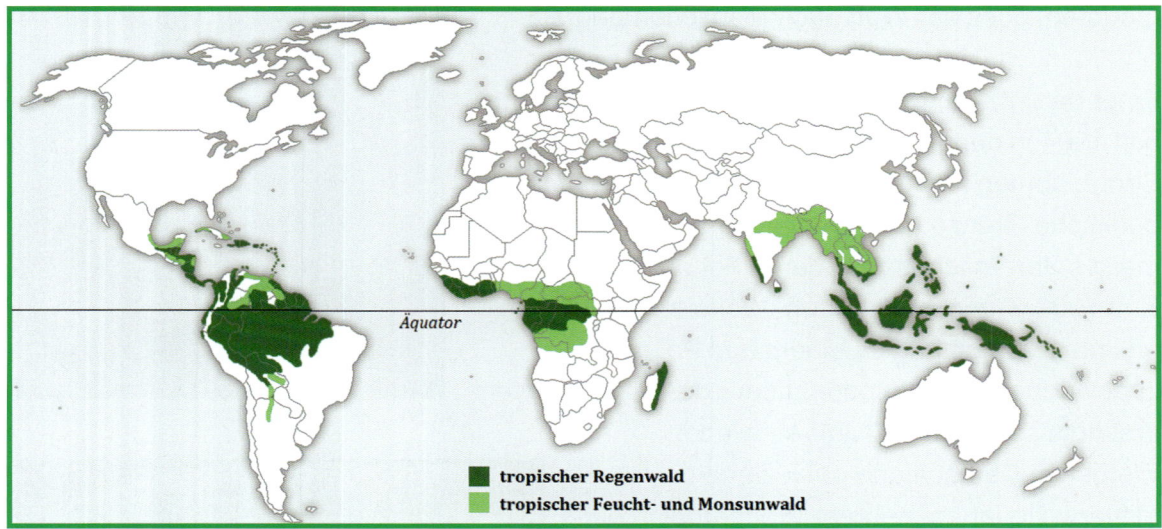

Äquator

■ tropischer Regenwald
■ tropischer Feucht- und Monsunwald

In den Regenwäldern der Erde leben 90 % aller Tier- und Pflanzenarten, die es auf der Erde überhaupt gibt. Das erscheint fast unvorstellbar.

1. Informiert euch über den faszinierenden Regenwald in Büchern und im Internet. Diese Seite hält nicht nur Informationen, sondern auch Spiele für euch bereit: http://www.faszination-regenwald.de.

Der Regenwald ist bedroht

Die Abholzung des Regenwaldes begann bereits vor hunderten von Jahren. Aber damals ging dies nur langsam voran und der Wald konnte sich immer wieder erholen. Heute aber schreitet die Abholzung so schnell voran, dass die Natur keine Chance hat, sich selbst zu **regenerieren**.

Die Bäume werden aus verschiedenen Gründen abgeholzt. Zum einen lieben viele Menschen Möbel aus Tropenholz. Auch weniger wertvolle Bäume werden abgeholzt, um daraus Papier herzustellen. Auf den gerodeten Flächen werden keine neuen Bäume, sondern Soja angebaut, welches in Deutschland zum Beispiel für die Tierfütterung in großen Mastanlagen verwendet wird. Mehr zu diesem Thema findest du auch auf folgender Internetseite:

http://www.helles-koepfchen.de/tropischer-regenwald.html

Was geht uns denn nun der Regenwald an?
Der ist ja wirklich weit weg!

- Der Regenwald geht auch uns etwas an, weil mit den Bäumen seltene Pflanzen und Tiere ihren natürlichen Lebensraum verlieren und damit vom Aussterben bedroht sind!
- Der Regenwald geht uns auch deshalb etwas an, weil er das Wetter auf der ganzen Welt mitbestimmt. Das klingt sehr unwahrscheinlich, ist aber tatsächlich so. Wissenschaftler haben nachgewiesen, dass die Zerstörung des Regenwaldes unser Klima negativ beeinflusst und den **Treibhauseffekt** vorantreibt. Das hat dann auch unmittelbare Auswirkungen auf unser Wetter und die Entwicklung der Tier- und Pflanzenwelt.

1. Findet heraus, wie ihr etwas für die Erhaltung des Regenwaldes tun könnt! Die angegebenen Internetseiten helfen euch.

Es geht auch um dein Schulheft!

Papier wird aus **Zellstoff** hergestellt, dieser wiederum aus Holz.
Das Holz für unsere Schulhefte in Deutschland kommt zum Glück nicht aus dem tropischen Regenwald. Aber auch für unsere Hefte und Bücher werden Bäume gefällt, vorrangig in Kanada und in skandinavischen Ländern.
Dadurch ist in diesen Ländern ebenso wie in den Tropen eine einmalige Tier- und Pflanzenwelt bedroht.

Gar kein Papier zu nutzen, ist natürlich keine Lösung. Aber ihr könnt tatsächlich etwas für den Schutz der Waldgebiete in Kanada und Skandinavien tun.
Achtet darauf, Papier zu kaufen, welches nicht aus Frischholz hergestellt wurde! Dieses Papier nennt man Recyclingpapier.

1. Findet heraus, was Papier-**recycling** bedeutet und wie es funktioniert!
   Tipp: Die blaue Mülltonne spielt eine wichtige Rolle!

Der Vorteil von Recyclingpapier wird in dieser Tabelle deutlich:

Eine Aktion für die Wälder

1. Bereitet für die Klassen 2 und 3 an eurer Schule eine Präsentation vor, in welcher ihr darauf aufmerksam macht, wie wichtig die Verwendung von **Recycling**papier ist!

Nutzt dazu auch folgende **Fakten**:
Etwa 200.000.000 Schulhefte werden im Jahr in Deutschland verkauft.
Dafür müssen 2.356 Bäume sterben, wenn wir nichts dagegen tun!

Achtung! Kennzeichenschwindel?!

Recyceltes Papier erkennt man am Blauen Engel:
Diesem Symbol kannst du 100 % vertrauen,
nur Papier mit diesem Zeichen besteht wirklich
aus 100 % Altpapier.
Kein neuer Baum musste dafür sterben und nur
wenig Energie wurde verbraucht.

Viele Eltern und Kinder glauben, dass
auch dieses Siegel bedeutet, dass keine
neuen Bäume zur Papierherstellung gefällt
wurden. Aber das ist nicht richtig! Es sagt
nur aus, dass keine Tropenhölzer
verwendet wurden. Die aber spielen in
Deutschland bei der Papierherstellung
sowieso keine Rolle!

Tipp: Für eure Präsentation solltet ihr natürlich Recyclingpapier verwenden!

Wenn du andere davon überzeugen willst, Papier mit dem Blauen Engel zu verwenden, solltest du selbst damit beginnen. Besprich dies mit deinen Eltern und versuche ihnen zu erklären, wie wichtig dir der Schutz der Wälder in Kanada und Skandinavien ist!

Lexikon – Ich entdecke mich!

Dilemma

Ein Dilemma ist eine schwierige Entscheidungssituation, in welcher man sich zwischen zwei Möglichkeiten für eine entscheiden muss. Wie die Entscheidung auch ausfällt, sie ist mit unangenehmen Folgen verbunden.

Fünfer-Regel

Diese Regel ist eine Hilfe bei schwierigen Entscheidungen, die einen längeren Zeitraum betreffen: Man überlegt, welche Auswirkung die Entscheidung in 5 Stunden – 5 Tagen – 5 Wochen oder 5 Jahren hat.

Geschlecht

Wir unterscheiden in der Regel das männliche und das weibliche Geschlecht, also Jungen und Mädchen, die später Männer und Frauen werden.

Gleichberechtigung

Gleichberechtigung bedeutet, dass für alle Menschen die gleichen Rechte und Pflichten gelten und dass alle die gleichen Chancen haben.
Gleichberechtigung zwischen Männern und Frauen z.B. bedeutet, dass Männer und Frauen das gleiche Recht haben, berufstätig zu sein und dass sie für gleiche Arbeit den gleichen Lohn bekommen.

Grundgesetz

Das „Grundgesetz für die Bundesrepublik Deutschland" wird oft als die Verfassung der Bundesrepublik Deutschland bezeichnet.
Es ist das wichtigste Gesetz des Landes.

immateriell

Immateriell ist das Gegenteil von materiell. Immaterielle Dinge existieren zunächst in unseren Gedanken und können nicht mit den Händen angefasst werden. Immaterielle Wünsche sind Wünsche, die man sich nicht mit Geld erfüllen kann, z.B. der Wunsch nach Frieden oder einer glücklichen Familie.

Konsequenzen

Konsequenzen sind die Folgen des eigenen Handelns, für die man die Verantwortung übernehmen muss.

Landtag

Die Bundesrepublik Deutschland hat 16 Bundesländer. Jedes Bundesland hat ein eigenes Parlament. Dieses heißt „Landtag". Der Landtag trifft wichtige Entscheidungen. Der Sitz des Landtages von

Sachsen befindet sich in Dresden, der des Landtages von Sachsen-Anhalt in Magdeburg.

Landtagspräsident

Der Landtag eines jeden Bundeslandes hat einen Präsidenten.
Er ist der Vorsitzende des jeweiligen Landesparlamentes.

materiell

Materiell ist etwas, was man mit seinen Händen fassen kann.
Materielle Wünsche sind also Wünsche, die man sich z.B. mit Geld erfüllen kann, so der Wunsch nach einem Fahrrad, Inlinern usw.

negativ

Das Wort negativ verwendet man, wenn man etwas als unangenehm oder als falsch empfindet.

positiv

Das Wort positiv verwendet man, wenn man etwas gut findet und angenehm.

Wunsch

Ein Wunsch ist eine Erwartung oder die Hoffnung, dass etwas passiert, was man sich herbeisehnt.

Lexikon – Ich entdecke uns!

Philosophie

Das Wort „Philosophie" kommt aus dem Griechischen und bedeutet übersetzt „Liebe zur Weisheit". Die Philosophie ist eine Wissenschaft, welche sich mit den wichtigsten Fragen der Menschen befasst.
Solche Fragen sind z.B. Was ist der Mensch? Was kann ich wissen? Was darf ich hoffen? Was soll ich tun?

objektive Zeit

Objektive Zeit ist die Zeit, die für alle Menschen gleich ist, weil wir sie messen können.
(z.B.: 60 Sekunden = 1 Minute oder 24 Stunden = 1 Tag)

subjektive Zeit

Bezeichnet die von einem Menschen gefühlte Zeit oder sein Zeitgefühl.
Diese Zeit kann von der genau gemessenen Zeit abweichen, so z.B., wenn die 45 Minuten einer Schulstunde so spannend sind, dass man meint, sie hätte nur zehn Minuten gedauert.

| Symbol | Es ist ein Gegenstand oder ein Zeichen für bestimmte Begriffe, Vorgänge oder Gemeinschaften. |

Symbol Es ist ein Gegenstand oder ein Zeichen für bestimmte Begriffe, Vorgänge oder Gemeinschaften.

UNO UNO ist die Abkürzung für United Nations Organization (deutsch: Vereinte Nationen Organisation). Dies ist eine Organisation, die 1945, nach dem Ende des Zweiten Weltkrieges gegründet wurde. Ihr Ziel besteht darin, den Weltfrieden zu sichern, die Einhaltung des Völkerrechts und den Schutz der Menschenrechte zu überwachen und die Zusammenarbeit der Völker zu fördern. Der UNO gehören heute 193 Mitgliedsstaaten an.

Zitat Ein Zitat ist eine wörtlich von woanders übernommene Textstelle bzw. ein wörtlich übernommener Ausspruch eines anderen Menschen.

Lexikon – Ich entdecke unsere Geschichte!

Ablassbrief Im Mittelalter wurden den Menschen Schriftstücke verkauft, die „Ablassbriefe" genannt wurden. Darin wurde bestätigt, dass diesen Menschen durch den Kauf eines solchen Briefes alle Fehler und Vergehen erlassen (davon abgelassen) werden.

Allah Allah ist ein arabisches Wort. Es bedeutet in deutscher Sprache: Gott.

Bibel Sie ist das heilige Buch der Christen. Darin wird nicht nur die Lebensgeschichte von Jesus Christus erzählt. In ihr stehen auch die Zehn Gebote und andere Dinge, die wichtig für die Christen sind.

Christentum Das Christentum ist eine Religion, die aus dem Judentum hervorging und durch Jesus Christus begründet wurde.

evangelische Kirche
Sie entstand im Zuge der Reformation als eine neue christliche Glaubensrichtung.

Halbmond Der Halbmond ist ein Symbol für den Islam und vergleichbar dem Kreuz, das als Symbol des Christentums gilt.

Imam

Der Imam ist der Vorbeter einer islamischen Gemeinde. Meist wird derjenige, der den Koran am besten kennt, Imam.

Islam

Der Islam ist eine Religion, dessen Gläubige an einen Gott glauben.

Juden

Das Wort besitzt zwei Bedeutungen. Zum einen werden als Juden die Angehörigen des jüdischen Volkes (die **Israeliten**) und zum anderen alle Anhänger der jüdischen Religion (des Judentums) bezeichnet.

Judentum

Das Judentum ist die älteste Religion, die nur an einen alleinigen Gott glaubt. Es entstand vor ungefähr 4.000 Jahren im Nahen Osten.

katholische Kirche

So wird die älteste christliche Glaubensrichtung bezeichnet. Das Wort katholisch bedeutet so viel wie „das Ganze betreffend".

Kirche

Das Wort besitzt mehrere Bedeutungen: Es steht sowohl für das Gotteshaus der Christen als auch für einzelne christliche Gemeinschaften (evangelische Kirche, katholische) sowie für die Gesamtheit aller Christen.

Koran

Der Koran ist das heilige Buch des Islam. Es ist in arabischer Sprache geschrieben.

Minarett

Ein Minarett ist ein schlanker Turm, meist an der Seite der Moschee. Von hier aus ruft der Muezzin die Gläubigen zum Gebet.

Mönch

Ein Mönch lebt in einem Kloster. Er hat sein ganzes Leben in den Dienst an Gott gestellt.

Muezzin

Er ist derjenige, der vom Minarett aus die gläubigen Muslime zum Gebet ruft.

Muslim

Ist die Bezeichnung für einen Menschen, der sich zum Islam als Religion bekennt. Muslima ist die Bezeichnung für Frauen, die dem islamischen Glauben angehören.

Nationalsozialisten

Als Nationalsozialisten bezeichnet man die Mitglieder einer judenfeindlichen, rassistischen und undemokratischen Bewegung. In Deutschland herrschten die Nationalsozialisten in der Zeit von 1933–1945. Sie verfolgten Juden und andere Menschen, die nicht so wie sie dachten, und begannen den Zweiten Weltkrieg.

Papst

Der Papst ist das Oberhaupt der katholischen Kirche.

Reformation

Eine Reformation ist eine Erneuerung.

Reformationstag

Alljährlich am 31. Oktober feiern evangelische Christen diesen Tag im Gedenken daran, dass am 31.10. 1517 Martin Luther seine Thesen zur Erneuerung der Kirche an der Wittenberger Schlosskirche anschlug.

Respekt

Respekt ist eine Eigenschaft, bei welcher andere Personen und ihre Meinungen anerkannt werden.

Sabbat

Sabbat heißt in hebräischer Sprache „Ruhetag". Bei den Juden ist er ein Feiertag, der vom Freitagabend bis Sonnabendabend dauert.

Sünden

Sünden nennen die Christen Fehler, die Menschen begangen haben.

These

Eine These ist eine Behauptung, die aufhorchen lässt und die erst noch durch Begründungen belegt werden muss.

Toleranz

Tolerant ist ein Mensch, wenn er andere Meinungen gelten lässt und nicht nur auf seiner eigenen Meinung besteht. Toleranz ist eine gute Eigenschaft eines Menschen.

Tradition

Die Tradition umfasst die von Generation zu Generation weitergegebenen Handlungsmuster, Feste und Bräuche.

Vorurteile

Vorurteile sind Urteile, die aufgrund des ersten Eindrucks oder vom Hörensagen entstehen. Sie sind deshalb oft ungenau.

Lexikon – Ich entdecke die Natur!

Bronzezeit

Die Bronzezeit ist eine Zeitspanne in der frühen Menschheitsgeschichte. Sie zeichnet sich dadurch aus, dass die Menschen in jener Zeit damit begannen, Werkzeuge aus Metallen, die sie im Feuer geschmolzen hatten, herzustellen. Dabei entstand eine Schmelze, die als Bronze bezeichnet wurde und die der Zeit ihren Namen gab.

Fakten

Fakten sind Tatsachen, also Sachverhalte, die wirklich existieren und die man nachprüfen kann. Fakten sind nichts Ausgedachtes.

Natur

Alles, was die Menschen **n i c h t** hergestellt haben, gehört zur Natur.

Rekultivieren

Rekultivieren bedeutet, vom Menschen zerstörte Landschaften wiederherzustellen, sodass Tiere und Pflanzen dort neue Lebensräume finden.

Regenerierung

Regenerieren bedeutet, sich erholen. Unter Regenerierung wird alles zusammengefasst, was der Erholung der Natur dient.

Recycling

Beim Recycling werden bereits gebrauchte Produkte (z.B. Altpapier) und Gegenstände (z.B. Schrott) wiederverwertet. Sie werden dabei so aufgearbeitet, dass sie erneut benutzt werden können.

Rohstoffe

Alle in der Natur vorkommenden Stoffe (z.B. Erze, Kohle, Kies), die der Mensch nutzt, um sie in Industrieanlagen oder auf dem Bau weiterzuverarbeiten, nennt man Rohstoffe.

sesshaft

Sesshaft sein, bedeutet, man hat eine Wohnung in der man längere Zeit lebt. Die ersten Menschen hatten einen solchen festen Wohnsitz nicht. Sie zogen ihren Nahrungsquellen (z.B. den Tierherden) hinterher und lebten in Laubhütten oder Höhlen.

Strom

Strom ist Elektroenergie, die bei der Bewegung von ganz kleinen Teilchen, den Elektronen, entsteht. Strom ist vielseitig verwendbar. Er kann für Wärme sorgen oder Maschinen antreiben.

Tagebau   Der Begriff stammt aus dem Bergbau und besitzt mehrere Bedeutungen. Beim Abbau von Rohstoffen im Tagebau werden Bodenschätze (z.B. Braunkohle) abgebaut, ohne dabei tief in der Erde zu graben. Bergmännisch heißt das „über Tage". Tagebau heißt aber auch die Grube, die der Abbau von Rohstoffen über Tage hinterlässt.

Tagelöhner   Tagelöhner sind Arbeiter, die nur jeweils für einen Tag eingestellt werden und am Ende des Tages ihren Lohn ausgezahlt bekommen. Dabei ist unsicher, ob sie auch am nächsten Tag Arbeit bekommen.

Treibhauseffekt

Er hat seinen Namen vom Gewächs- oder Treibhaus, bei dem durch die Glasscheiben die Sonnenstrahlen eindringen und die Luft im Gewächshaus erwärmen. Auch die Erwärmung der Erdatmosphäre funktioniert so: Die Sonnenstrahlen dringen in die Atmosphäre ein und erwärmen diese.

Zellstoff   Zellstoff wird aus Holz gewonnen. Es handelt sich dabei um eine faserige Masse, die für die Papierherstellung benötigt wird.

Spielideen

1. Warme Dusche

Jedes Kind mag es, gelobt zu werden, denn dann fühlt man sich so wohl, als stände man unter einer warmen Dusche.
Probiert es aus:

Ein Kind sitzt in der Mitte des Stuhlkreises. Dieses Kind wird „geduscht". Alle anderen Kinder sprechen dieses Kind direkt an und sagen ihm positive Dinge. Diese können das Lernen, das Verhalten, aber auch das Aussehen betreffen. Wichtig ist, dass die Kinder sich anschauen, wenn sie miteinander reden. Jede Kritik wird heute vermieden!

Beendet das Spiel, wenn ihr es für richtig haltet.
Denkt bei diesem Spiel unbedingt daran, was ihr schon in der 1. Klasse in Ethik gelernt habt:

„Jeder Mensch ist etwas Besonderes!"

2. Applausrunde

Bei diesem Spiel werdet ihr alle gelobt, denn wenn für euch geklatscht wird, ist dies ja wie ein Lob. Alle Kinder sitzen im Stuhlkreis oder auf ihrem Platz. Ein Kind beginnt und sagt zum Beispiel: „Es stehen alle Kinder auf, die wie ich heute schon ... gelacht haben!"

Die Kinder welche stehen, bekommen von denen, die noch sitzen Applaus!

Nun setzt ein anderes Kind die Spielrunde fort: „Es stehen alle Kinder auf, die wie ich ...".

Sicher fallen euch viele Beispiele ein, z.B. ... eine Schwester haben, ... heute kurze Hosen tragen, ... eine 2 in Mathe bekamen usw.

Wichtig ist, dass ihr darauf achtet, dass jedes Kind wenigstens einmal Applaus bekommt!

Bildnachweis